Mein inneres Wissen

(Buch II)

Mich selbst erkennen und meine Welt verstehen

Handbuch für Lehrer*innen

Zur Einführung, MiW Lernbuch II

*(German language edition of
My Guide Inside Teacher's Manual: Intermediate Book II)*

Christa Campsall

mit

Kathy Marshall Emerson

Übersetzt von
Pallavi K. Schniering
und Antonietta D'Angelo

myguideinside.com

CCB Publishing
Britisch-Kolumbien, Kanada

Mein inneres Wissen Handbuch für Lehrer*innen (Buch II)

Urheberrecht © 2018, 2022 von Christa Campsall - http://www.myguideinside.com
Urheberrecht © 2022 von Pallavi K. Schniering
My Guide Inside® ist ein eingetragenes Warenzeichen von Christa Campsall
(3 Principles Ed Talks)
ISBN-13   978-1-77143-531-4
Erste Ausgabe

Library and Archives Canada Cataloguing in Publication
Title: Mein inneres wissen handbuch für lehrer*innen (buch II) / von Christa Campsall
und Kathy Marshall Emerson, übersetzt von Pallavi K. Schniering und Antonietta D'Angelo.
Names: Campsall, Christa, 1954-, author.
Issued in print and electronic formats.
ISBN 9781771435314 (softcover) | ISBN 9781771435321 (PDF)
Additional cataloguing data available from Library and Archives Canada

Mit Einverständnis zur Verwendung der deutschen Übersetzung von Pallavi K. Schniering
und Antonietta D'Angelo
Verfasst mit: Kathy Marshall Emerson
Konzeptionelle Entwicklung: Barbara Aust und Kathy Marshall Emerson
Gestaltung: Josephine Aucoin
Produktion: Tom Tucker
Beiträge: Dr. William Pettit
Webmaster: Michael Campsall

Die Autorin hat extreme Sorgfalt auf die Sicherstellung verwendet, dass alle Informationen in diesem Buch wahrheitsgetreu wiedergegeben wurden und zum Zeitpunkt ihrer Veröffentlichung auf dem neuesten Stand sind. Weder die Autorin noch der Verleger können für etwaige Fehler oder Versäumnisse haftbar gemacht werden. Ebenso wird keine Haftung für jegliche Schäden übernommen, die durch einen Gebrauch der Informationen aus dieser Publikation entstanden sind.

Alle Rechte vorbehalten. Kein Teil des Werkes darf in irgendeiner Form - grafisch, elektronisch oder mechanisch - ohne schriftliche Genehmigung der Autorinnen reproduziert oder unter Verwendung elektronischer Systeme verarbeitet, vervielfältigt oder verbreitet werden; ausgenommen sind Rezensenten, die kurze Passagen zitieren dürfen. Jeder Antrag auf Fotokopie, Aufnahme oder Speicherung in Informationssystemen für irgendeinen Teil dieses Werkes ist schriftlich an die Autorinnen zu richten unter **myguideinside.com**

Warum eine Eule? Im Laufe der Jahre als KlassenLehrer*in wurden Christa verschiedene Eulen geschenkt. Sie liebt sie als Symbole für die Weisheit, die wir alle teilen. Schon in der Antike und im Laufe der Geschichte haben verschiedene Kulturen die Eule als mit Weisheit und Führung verbunden gesehen. Die großen, runden Augen der Eule symbolisieren sehendes Wissen. Auch wenn sie manchmal mit anderen Ideen in Verbindung gebracht wird, wurde die Eule wegen dieser Verbindung zu Weisheit, Führung und sehendem Wissen als grafisches Symbol für Mein inneres Wissen (MiW) gewählt. Christa hofft, dass diese Interpretation auch für dich von Bedeutung ist. Eine ihrer ehemaligen Schüler*innen, Jo Aucoin, jetzt Grafikerin, wurde beauftragt, die MiW-Eulen- und Wolkengrafiken zu erstellen.

Verlag: CCB Publishing
          Britisch-Kolumbien, Kanada
          www.ccbpublishing.com

Mein inneres Wissen (Buch II) Handbuch für Lehrer*innen

Inhaltsverzeichnis

Versprechen eines Wandels
    Ergebnisse: Was Schülerinnen und Schüler berichten iv
    Vorwort v
    Ziele von Mein inneres Wissen vi
    Ermutigung für Lehrkräfte 1
Übersicht für das Unterrichten von Mein inneres Wissen 2
Einführung in Ziele und Unterrichtspläne 7
    <u>Die Grundlagen kennenlernen</u>
    Lehrplan Kapitel 1 Mein inneres Wissen entdecken 8
    Lehrplan Kapitel 2 Das wunderbarste Geschenk 10
    <u>Vom Leben lernen</u>
    Lehrplan Kapitel 3 Geben und Nehmen 12
    Lehrplan Kapitel 4 Reiten auf der Welle 14
    Lehrplan Kapitel 5 Freundschaft ist so gut wie Gold 16
    Lehrplan Kapitel 6 Welchen Unterschied eine Einsicht macht! 18
    <u>Weitergehen</u>
    Lehrplan Kapitel 7 Die Räder des Lernens drehen sich weiter 20
    Lehrplan Kapitel 8 Du bist ein Wunder 22
    Lehrplan Kapitel 9 Kraft-wörter 25
Bewertung und Beobachtung 26
Mein inneres Wissen in die Bildung integrieren
    Aktueller bildungspolitischer Kontext 31
    Pädagogische Lernziele und Kompetenzen 33
Ergänzende Ressourcen
    Empfohlene Drei-Prinzipien-Materialien 35
    Fortbildung für Pädagog*innen 35
    Unterrichtsmaterialien für Schüler*innen aller Altersstufen 37
    MiW im Kontext von Bildungstheorie 37
Danksagungen 42
**Übersicht über das umfassende Lehrprogramm
"Mein inneres Wissen"** 44
    Über die Autorinnen 44
    Was Lehrer*innen über MiW sagen 46

Ergebnisse: Was Schülerinnen und Schüler berichten

*Schülerinnen und Schüler im Alter von 9-13 Jahren, mit denen wir arbeiten durften, beschreiben ihre Erfahrungen beim Erlernen der Prinzipien, die **Mein inneres Wissen (MiW)** erforscht, folgendermaßen:*

✠ "Zu wissen, dass es eine Kraft im Inneren gibt, die uns allen hilft, ist für mich das Bedeutsamste gewesen."

✠ "Ich hatte nicht über "Gedanken" nachgedacht und es hat mich zum Nachdenken gebracht! Die Art, wie man das Leben sieht, beeinflusst das Leben."

✠ "Dieser Kurs hat mir geholfen…mich nicht verrückt machen zu lassen und anderen Menschen die Möglichkeit zu bieten, meinen Tag zu verderben."

✠ "Ich konnte mir das Problem nicht erklären. Also habe ich es weggelegt und dann ist es mir eingefallen. Wenn du einen ruhigen Geist hast, kannst du es lösen. Mit einem ruhigen Geist gibt es mehr Raum zum Denken."

✠ "Ein Gedanke ist wie ein Samenkorn. Er wächst zu einem Gefühl, das sich in dir auftut. Jetzt entscheidest du, ob du es loslassen oder wenn es gut ist, behalten willst. Du hast immer eine Wahl. Es ist wahr, für dich und für mich!"

✠ "Ein Vorteil des Optimismus ist, dass du die Dinge tun kannst, die du tun möchtest, weil du weisst, dass du es kannst."

✠ "Dein gesunder Menschenverstand leitet dich. Der gesunde Menschenverstand unterbricht deine negativen Gedanken. Er hilft dir, weiterzukommen und macht es einfacher."

✠ "Es hilft mir mich zu beruhigen, wenn ich wütend werde."

✠ "Fast jede einzelne Idee oder Tatsache, die ich in diesem Kurs gelernt habe, hat mir schon geholfen und wird mir (weiterhin) helfen."

✠ "Die Ideen, die wir im Unterricht besprochen haben, könnten nicht nur mir, sondern wahrscheinlich jedem auf der Welt helfen."

Vorwort

 Wenn Sie dieses Buch lesen, stehen Sie und Ihre Schüler*innen am Anfang eines außergewöhnlichen, lebensverändernden Prozesses. Ich bin ein Psychiater, der alt genug ist, um der Großvater Ihrer Schüler*innen zu sein. Ich möchte eine sehr persönliche Botschaft mit Ihnen teilen. Ich musste stolpern und straucheln und das Beste tun, was ich konnte, mit begrenztem Verständnis meiner wahren Natur. Ich wusste nicht, wie meine Moment-zu-Moment-Erfahrung entstand. Ich hatte keine Ahnung, dass Weisheit vorhanden ist, die mich durch all die Herausforderungen in meinem Leben führen kann.

Ich habe 26 Jahre in der Schule verbracht, um Psychiater zu werden, aber ich habe nichts über wahre psychische Gesundheit gelernt. Viele Jahre lang, während ich Patient*innen behandelte, war ich selbst depressiv.

Ich hatte Glück! Ich hatte die Möglichkeit, die Drei Prinzipien zu lernen und mein Leben und meine klinische Praxis haben sich für immer verändert. Glauben Sie mir, die drei universellen Prinzipien von Geist, Denken und Bewusstsein mit Ihren Schüler*innen zu teilen, was der Zweck von Mein inneres Wissen ist, ist das wertvollste und lebensverändernde Geschenk, das möglich ist!

Diese universellen Prinzipien führen Ihre Schüler*innen in ihr wahres Wesen und die Innen-nach-Außen-Natur der Erfahrung ein. Mein inneres Wissen weist die Schüler*innen auf die allgegenwärtige innere Führung durch Weisheit hin. Für den Rest ihres Lebens, wann immer sie mit Herausforderungen und Ungewissheiten konfrontiert werden, werden diese Lektionen unbezahlbar sein!

Als ich sechs und mein Bruder drei Jahre alt war, nahm er seine Hände von der gläsernen Coca-Cola-Flasche und griff nach dem Strohhalm in der Flasche. Er sah mit Überraschung, Bestürzung und Verwirrung zu, wie die Flasche und ihr Inhalt krachend und spritzend auf den Boden fielen. Ich habe das Prinzip der Schwerkraft nie vergessen.

Ich teile dies als Mann, der selbst durch das Erwachsenwerden gegangen ist; als Vater, der geholfen hat, vier Kinder großzuziehen; und als Psychiater mit mehr als 40 Jahren Erfahrung und einem Zertifikat in Jugendpsychiatrie, der junge Klient*innen auf ihrem Weg zum Erwachsenwerden begleitet hat. Ich habe von dem Tag geträumt, an dem junge Kinder die Lernmöglichkeit haben, die Sie ihnen anbieten.

Das Verstehen von Prinzipien der psychischen Gesundheit macht ebenfalls einen Unterschied! Danke, dass Sie Ihre Schüler*innen auf dem Weg zum Glücklichsein begleiten!

Dr. William (Bill) Pettit Psychiater

Ziele von Mein inneres Wissen

Die Prinzipien, auf die sich Dr. Pettit bezieht, wirken in allen Menschen, auch in jedem Kind. Dieser MiW-Lehrplan weist den Weg zu Ganzheitlichkeit, Glück, Kreativität und Wohlbefinden in allen Bereichen des Lebens eines jeden Schülers.

Daher hat MiW diese zwei global angemessenen akademischen **Ziele: (1) Persönliches Wohlbefinden mit einem Verständnis dieser Prinzipien zu verbessern, und (2) Kompetenzen in Kommunikation, Denken und persönlicher und sozialer Verantwortung zu entwickeln. MiW** erreicht beide Ziele durch den Einsatz von Geschichten, Diskussionen und verschiedenen schriftlichen und kreativen Aktivitäten, wobei das Lernen die Kompetenz Ihrer Schüler*innen in der deutschen Sprache und verschiedenen anderen Bereichen erhöht.

Die Entdeckung ihres inneren Wissens ist der Schlüssel zum Lernen und verbessert die Fähigkeit der Kinder, Entscheidungen zu treffen, sich im Leben zurechtzufinden und gesunde Beziehungen aufzubauen. Der Zugang zu dieser natürlichen Weisheit beeinflusst das Wohlergehen, das geistige Wohlbefinden, die persönliche und soziale Verantwortung und eine positive persönliche und kulturelle Identität. Sozial-emotionales Lernen, einschließlich Selbstbestimmung, Selbstregulierung und Selbstwirksamkeit, ist ebenfalls ein natürliches Ergebnis von größerem Bewusstsein.

Ermutigung für Lehrkräfte

Willkommen zu einer wunderbaren neuen Erfahrung: die Prinzipien, über die Dr. Pettit spricht und die allgemein als die "Drei Prinzipien" bezeichnet werden, mit Ihren Schüler*innen zu teilen. Ich habe meine gesamte Lehrtätigkeit damit verbracht, Studenten und Pädagogen in diese Prinzipien einzuführen. Die Kommentare am Anfang und Ende von MiW II stammen von einigen unserer Schüler und BerufsKolleg*innen. Sie können die gleiche Art von Wirkung haben! Lassen Sie die Worte in Mein inneres Wissen lebendig werden und verwenden Sie die Lehrer*innenotizen und Unterrichtspläne flexibel.

Als Kolleg*innen lade ich Sie ein, ja, ich ermutige Sie sogar nachdrücklich, Ihr eigenes inneres Wissen zu entdecken. Die hier geschriebenen Worte, so durchdacht sie auch für Sie und Ihre Lernenden vorbereitet wurden, sind nur ein "Echo der Wahrheit".

Wie jeder andere im Bildungswesen musste auch ich meinen Weg finden. Ich war 1975 eine Lehrer*in im Referendariat mit modernsten Fähigkeiten und dem starken Wunsch, Lernenden zu helfen, die Schwierigkeiten hatten. Dennoch überdachte ich meine Berufswahl, weil ich trotz meines Bestrebens Lernende mit ernsthaften Herausforderungen nicht erreichen konnte. Sosehr ich mich auch bemühte, ich konnte diese Kinder nicht erreichen.

Was hat den Unterschied gemacht? Das Hören der Wahrheit dieser Prinzipien. Ich lernte die Quelle der natürlichen inneren Weisheit und des Wohlbefindens zu verstehen; meine Erfolgsquote beim Erreichen der Lernenden stieg an. Ich musste "das fehlende Glied" für mich selbst finden und so begann meine lebenslange Lernreise, die sich darauf konzentrierte, den intuitiven Geist - die Weisheit -, Mein inneres Wissen zu erwecken.

Das Kennenlernen dieses inneren Wissens ist für alle Lernenden wertvoll; es ist jedoch besonders wichtig für Lernende mit Schwierigkeiten. Sie brauchen Wissen und Verständnis, um ein gesundes Leben zu erfahren. Dieser Lehrplan ist für Schüler konzipiert, mit Aktivitäten, die benotet werden können, um über den Fortschritt zu berichten. Er ist jedoch auch für Lernende gedacht, die neugierig sind und deren Erkundung nicht auf einem Bedürfnis nach Noten basiert.

Wenn wir diese Prinzipien lernen, stellen wir fest, dass es kein Ende der inneren Weisheit gibt, die Freude und Mitgefühl ins Leben bringt. Wie der Autor Sydney Banks betont: "Diejenigen, die ein Gleichgewicht zwischen ihrer Intelligenz und ihrer angeborenen Weisheit gefunden haben, sind die Glücklichen." (1998, S.133) Lassen Sie uns zu den Glücklichen gehören!

Erwecken Sie die Worte in Mein inneres Wissen zum Leben; Ihre Erfolgsquote und Ihre Zufriedenheit werden erheblich steigen. Letztendlich werden Sie sich besser fühlen, während Sie eine neue Welt erleben. Als Kollegin, die unbedingt weitergeben möchte, was funktioniert, bitte ich Sie dringend, die Seiten Empfohlene Ressourcen und Weiterbildung für Pädagogen aufzurufen. Bitte, recherchieren Sie. Diese Ressourcen sind die Grundlage von Mein inneres Wissen. Viel Spaß beim Unterrichten!

Mit herzlichen Grüßen, ***Christa Campsall***

Übersicht für das Unterrichten von Mein inneres Wissen

Während Sie sich darauf vorbereiten, diesen Lehrplan mit Ihren Schüler*innen zu teilen, gibt es einige wichtige Überlegungen, die die Unterstützung, die Sie von Kolleg*innen und Administrator*innen in Ihrem Schulsystem erhalten, und die Wirkung, die Sie auf Ihre Schüler haben werden, erheblich verbessern können. Wir haben im Laufe der Jahre gelernt, dass die folgenden Informationen sehr nützlich sein können.

❖ **Lehrplan – Grundlagen der Forschung**

Jeder verantwortungsvolle Schullehrplan muss auf einem soliden Verständnis der aktuellen Bildungsforschung aufgebaut sein. Es gibt viele Studien, die berücksichtigt werden müssen. (Siehe "MiW im Kontext von Bildungstheorie und verwandter Forschung" in diesem Handbuch für eine Diskussion und eine detaillierte Auflistung verwandter wissenschaftlicher Publikationen). Der Einfachheit halber haben wir uns entschieden, die Arbeit von John Hattie als ein Beispiel für aktuelle, bedeutende Forschung hervorzuheben.

John Hattie hat an der Universität von Toronto promoviert und ist Professor für Pädagogik und Direktor des Education Research Institute an der Universität von Melbourne, Australien. Er war außerdem als Bildungsprofessor, Administrator und Forschungsdirektor an verschiedenen Universitäten in Kanada, Neuseeland und den Vereinigten Staaten tätig. Er berät weltweit wichtige Institutionen und Organisationen. Dr. Hattie hat die größte jemals durchgeführte Synthese von Meta-Analysen quantitativer Messungen des Effekts verschiedener Faktoren auf Bildungs-Ergebnisse vorgenommen. Hattie ist weithin publiziert und vor allem für seine Bücher über „Visible Learning" bekannt. Seine quantitativen Forschungsmethoden dokumentieren die unten beschriebenen Einflüsse auf die Schülerleistungen.

John Hattie und sein Team untersuchten bis 2015 über 1200 Meta-Analysen in Verbindung mit Einflüssen auf Schülerleistungen. Diese Meta-Analysen untersuchten mehr als 65.000 Studien, 195.000 Effektgrößen und etwa ¼ Million Schüler*innen weltweit. Hattie möchte herausfinden, was das Lernen und die Leistung der Schüler*innen maximiert (Hattie 2015). Hattie identifiziert zur Beantwortung dieser Frage die größte bis geringste "Effektgröße", die sich aus den Interventionen von Bildungsprogrammen, Politik und Innovationen ergibt.

Im Wesentlichen besagt die von John Hattie aufgedeckte globale Forschungsstudie "Visible Learning", dass die Ergebnisse und das Engagement maximiert werden, wenn „die Lehrer das Lehren und Lernen mit den Augen ihrer Schüler sehen und wenn die Schüler ihre eigenen Lehrer werden." (Hattie, 2015, pp. 79, 80.)

Ein aktueller Bericht* mit einer Rangfolge von 1,62 bis -0.42 zeigt, dass dies die drei wichtigsten "Effektgrößen" sind, die die Leistung der Schüler*innen beeinflussen:

Mein inneres Wissen (Buch II) Handbuch für Lehrer*innen

#1—Teinschätzungen des Lehrers über die Leistung der Schüler*innen 1.62
#2—Kollektive Lehrereffizienz 1.57
#3—Selbst eingeschätzte Noten 1.33

Durch die Drei-Prinzipien-Linse betrachtet, verstehen Pädagog*innen diese Effekte auf folgende Weise:

#1 — "Einschätzungen des/der Lehrer*in über die Leistung des/der Schüler*in" bedeutet, dass ein/e einzelne/r Lehrer*in der Ansicht ist, dass jede/r Schüler*in etwas erreichen/lernen kann; wobei der/die Pädagog*in genau sieht, wo ein/e Schüler*in im Moment steht und dann Erkenntnisse hat, die zeigen, wie er/sie den/die Schüler*in weiterbringen kann. Wie Barb Aust schreibt: "Es gibt keine „Wegwerf"-Schüler*innen und wir erreichen sie, indem wir "im Moment unterrichten." (Aust, 2013, 2016.)

#2 — "Kollektive Lehrereffizienz" bezieht sich darauf, dass Pädagog*innen in einer Schule oder einem Team denken - und zuversichtlich sind -, dass sie tatsächlich erfolgreich unterrichten und jede/n einzelne/n Schüler*in erreichen können. Sie vertrauen sich gegenseitig, zur Entwicklung einer Lösung beizutragen.

#3 — "Selbstberichtete Noten" zeigt den Grad an, in dem ein/e Schüler*in weiß, dass er oder sie zu erfolgreichem Lernen fähig ist, was sich selbst verstärkt. Wenn ein/e Schüler*in lernt, das "Ich kann nicht lernen"-Denken fallen zu lassen, treibt die intrinsische Motivation den/die Schüler*in an. Es ist nicht überraschend, dass dieser Effekt so hoch angesiedelt ist.

Zusätzlich ist der negativste Einfluss auf die Schülerleistung die Schülerdepression mit einer Effektgröße von -0.42. Der Einfluss des Wohlbefindens der Schüler'innen auf die akademische Leistung könnte nicht deutlicher sein!

Was macht einen Unterschied? Das Denken von Schüler*innen und Lehrer*innen spielt eine entscheidende Rolle. Zum Beispiel schreibt Hattie:

"Es geht weniger darum, was Lehrer*innen in ihrem Unterricht tun, sondern vielmehr darum, wie sie über ihre Rolle denken. Es sind ihre Geisteshaltung oder die Art und Weise, wie sie über das Lehren und Lernen denken, die am wichtigsten sind."

(Hattie, 2015, p. 81)

Der Lehrplan von Mein inneres Wissen führt Lehrer*innen und Lernende über den Glauben hinaus zu dem Wissen, dass dies wahr ist - dass jeder Schüler lernen kann und jeder Lehrer Einsichten und Weisheit entdecken kann, um effektiven Unterricht zu leiten. Die Selbstwirksamkeit des/der Schüler*in und des/der Lehrer*in kommt ganz natürlich, wenn die Innen-nach-Außen-Natur des Lebens entdeckt wird.

* Diese Rangfolgen sind visuell verfügbar unter www.visiblelearning.org/nvd3/visualize/hat-tie-ranking-interactive-2009-2011-2015.html. Es ist auch wichtig zu erkennen, dass, während die Forschung von John Hattie auf unbestimmte Zeit fortgesetzt wird, die genauen Rangfolgen der Effekte und sogar die Definitionen der Effekte leicht variieren werden. Zum Beispiel beschreibt Jenni Donohoo (2016) die kollektive Lehrereffizienz mit 1,57 als den einflussreichsten Effekt (Donohoo, S. 6). Trotz unterschiedlicher Interpretationen sind wir der Meinung, dass die identifizierten Schlüsselfaktoren gut mit unserem Drei Prinzipien Verständnis übereinstimmen.

❖ Vorschläge zur Verwendung von Mein inneres Wissen

Mein inneres Wissen basiert auf drei grundlegenden Prinzipien, bekannt als Geist, Bewusstsein und Denken, die die Grundlage aller menschlichen Erfahrung sind. Diese drei Prinzipien, die von Sydney Banks erkannt und formuliert wurden, bieten einen hoffnungsvollen, einfachen Weg für Kinder, Jugendliche und Erwachsene, ein Verständnis dafür zu erlangen, wie sie geistig funktionieren - von innen heraus. Dies maximiert das persönliche Wohlbefinden und verbessert das Schulklima sowie das Verhalten und die Leistung der Lernenden.

"Geist + Bewusstsein + Denken = Realität" (Banks, 2005, p. 42)

Dieser Lehrplan ist am effektivsten, wenn Erwachsene, die ihn verwenden, persönlich mit diesen Prinzipien vertraut sind und nach ihnen leben und gelernt haben, ihrem eigenen inneren Wissen zu vertrauen. Mit der Unterstützung eines prinzipienbasierten Lehrers wird es für Kinder ganz natürlich sein, den Sinn der Drei Prinzipien zu entdecken. Jeder von uns möchte lernen und glücklich sein. Dies ist eine Gelegenheit für uns, auch von und mit den Kindern zu lernen! Im Allgemeinen kann es hilfreich sein, die folgenden Punkte zu berücksichtigen.

Vorgesehene Verwendung

Der MiW-Lehrplan, der aus geschichtenbasierten Lektionen besteht, ist für den Einsatz in der Schule oder zu Hause oder überall dort, wo es wichtig ist, den Lernenden Hoffnung zu geben, konzipiert. Mein inneres Wissen Lernbuch für Kinder II ist für den Lernerfolg in diesem Kontext konzipiert:

Leseniveau: "leicht zu lesen"
Ideale Teilnahmestufe: Alter 9-12, Schuljahr 4-7
Flexibilität: regulärer Kurs oder Anpassung bzw. Modifizierung an einzelne Lernende
Rahmenbedingungen: Klassenzimmer, Kleingruppe oder individuell
Konzeption: inklusive selbstgesteuerter, unabhängig arbeitender Lernender
Idealer Zeitpunkt: zu Beginn eines Programms oder Schuljahres, um eine Gemeinschaft aufzubauen und Optimismus zu fördern

Zeitrahmen der Lektionen

Jedes der acht Kapitel erfordert zwei Sitzungen von jeweils ca. 40 Minuten. Dies ermöglicht Zeit für: Lesen, Diskussion, Wortschatzaufbau, Reflexion und Tagebucheintrag. Jede zusätzlich gewählte Aktivität erfordert mehr Zeit. Es wird eine große Auswahl an ansprechenden Aktivitäten angeboten. Kapitel 9 bietet Definitionen von „Kraft-Wörter", die in MiW II verwendet werden.

Flexibilität und Lehrpläne

Das Hauptziel des Unterrichts ist es, Diskussionen in der Klasse zu führen, die das Bewusstsein der Lernenden für die angeborene innere Weisheit fördern, die in diesem Material "Mein inneres Wissen" genannt wird. Wir können die innere Weisheit entdecken, indem wir das große Bild der Ideen teilen. Dieser Lehrplan ist als Sprungbrett gedacht! Die Kapitel können in jeder beliebigen Reihenfolge verwendet werden, die für Sie funktioniert. Sie haben vielleicht Ihre eigenen Prinzipien-Geschichten, die Sie teilen möchten. Ihre eigenen Einsichten werden zu einem tieferen Verständnis führen. Seien Sie flexibel. Folgen Sie dem, was Sie wissen.

Die Lektionspläne geben nicht vor, was in einer Lektion enthalten sein soll; Optionen werden vollständig im MiW Lernbuch mit Geschichten und Aktivitäten speziell für jede Lektion bereitgestellt. Die Schüler können auf Diskussionen, Vokabeln und Tagebücher verwiesen werden, um das Denken und die Kommunikation zu erweitern. Die MiW-Lektionspläne enthalten Details darüber, wie jedes spezifische Kapitel mit dem akademischen Fortschritt der Schüler*innen in Einklang gebracht werden kann. Die Pläne schlagen vor, wie der Fortschritt erreicht und beobachtet werden kann, während Sie die eigentlichen Lektionen durchführen. Durch dieses Design wird erreicht, dass die Lehrer ihre eigenen Bewerter sind. Wie John Hattie uns so eindringlich ermutigt *"Kenne deine Wirkung!"*

Die Lektionspläne und das MiW Lernbuch bieten zusammen eine Möglichkeit, die Prinzipien so zu vermitteln, dass das Lernen der Schüler in weiten wichtigen Bereichen - MiW-Ziele für persönliches Wohlbefinden und Verantwortung - erreicht wird. Es ist keine ausführliche Planung erforderlich, lesen Sie einfach die logisch aufgebauten Kapitel durch und beginnen Sie. Spezifische Details finden Sie in der Einführung zu den Zielen und Lektionsplänen. Die Lektionen selbst sind einfach zu verwenden. Einen schnellen Überblick finden Sie in jedem Lektionsplan.

Klassensätze von MiW Lernbüchern können Jahr für Jahr verwendet werden. Alternativ ist es optimal, wann immer es möglich ist, jedem/r Schüler*in ein MiW-Lernbuch zur Verfügung zu stellen, das er/sie behalten und auf das er/sie zugreifen kann, um die Schlüsselelemente weiter zu erforschen.

Beurteilung und Beobachtung

Jede Anweisung zielt darauf ab, die Schüler messbar zu beeinflussen und ihr Leben zu verbessern. Drei MiW-Formulare mit Anleitungen finden Sie unter Beurteilung und Beobachtung. Diese Werkzeuge umfassen: MiW II Vor- und Nachbeurteilungen der Schüler, Beurteilungen der deutschen Sprachkenntnisse, Lehrer-"Schnappschuss", Schülerbeobachtungen.

Lernen, Leben, Teilen

Das Gefühl, das ein MiW Lehrer jeden Tag in das Klassenzimmer mitbringt, der "essentielle Lehrplan", ist die größte Ressource, um direkt auf die einzuwirken. Mit anderen Worten, das Lernen ermöglicht es einer/einem Lehrer*in, die Prinzipien zu leben, indem sie/er in einem natürlichen Zustand des Dienens ist, und somit in der Lage, Mitgefühl, Verständnis und Freude im Klassenzimmer zu teilen. Sobald ein/e Lehrer*in so informell und natürlich ist, wird der/die Lehrer*in die Prinzipien durch ein positives Gefühl vermitteln. Dies wird jede formale Unterrichtsstunde, die er/sie mit den Schüler*innen teilt, verbessern und kraftvoller machen. Das eigene tiefe Verständnis und die Erfahrung eines/einer Lehrers/in mit diesen Prinzipien wird das Beste in allen Schüler*innen zum Vorschein bringen.

Ich bin meiner Kollegin Kathy Marshall Emerson, die buchstäblich Hunderte von Lehrer*innen mit den Drei Prinzipien vertraut gemacht hat, dankbar, dass sie die Einfachheit dieses Prozesses in Educators Living in the Joy of Gratitude, insbesondere in Webinar 12, verdeutlicht hat. Lesen Sie auch das sehr hilfreiche Buch von Barb Aust, The Essential Curriculum, in dem sie sehr schön beschreibt, wie das Klima in der Schule und im Klassenzimmer ist, wenn die Prinzipien in die pädagogische Umgebung integriert werden. Barb hat während ihrer gesamten Laufbahn die Erfahrung gemacht, die Drei Prinzipien zu lernen, zu leben und weiterzugeben; sie hat diese Weisheit in ihren Rollen als Lehrer*in, Schulleiterin und Supervisorin für angehende Lehrer immer weitergegeben. Für weiteres Lernen sehen Sie unter Ergänzende Ressourcen nach. Diese Materialien werden Sie zu Ihren eigenen Erkenntnissen führen.

Einführung in Ziele und Unterrichtspläne

Die Prinzipien, die im umfassenden Lehrplan von Mein inneres Wissen besprochen werden, wirken in allen Menschen, einschließlich Schüler*innen jeden Alters. Der umfassende MiW Lehrplan (Altersstufe 4 - 19 Jahre) weist den Weg zu Ganzheitlichkeit, Glück, Kreativität und Wohlbefinden in allen Bereichen des Lebens.

Daher haben alle Lektionen in den MiW Büchern I, II und III zwei global angemessene akademische Ziele:

(1) **Persönliches Wohlbefinden mit einem Verständnis dieser Prinzipien zu verbessern, und,**
(2) **Kompetenzen in Kommunikation, Denken und persönlicher und sozialer Verantwortung zu entwickeln.**

Die Entdeckung ihres inneren Wissens ist der Schlüssel zum Lernen und verbessert die Fähigkeit jeder/s Schüler*in, Entscheidungen zu treffen, sich im Leben zurechtzufinden und gesunde Beziehungen aufzubauen. Der Zugang zu dieser natürlichen Weisheit beeinflusst das Wohlergehen, das geistige Wohlbefinden, die persönliche und soziale Verantwortung und eine positive persönliche und kulturelle Identität. Sozial-emotionales Lernen, einschließlich Selbstbestimmung, Selbstregulierung und Selbstwirksamkeit sind ebenfalls natürliche Ergebnisse eines ausgeprägteren Gewahrseins.

Ein Leitfaden zu den pädagogischen Lernzielen und Kompetenzen in allen relevanten Bereichen ist unten im Abschnitt "Mein inneres Wissen in die Bildung integrieren" zu finden. MiW erreicht seine Ziele durch den Einsatz von altersgerechten Geschichten, Diskussionen und verschiedenen schriftlichen und kreativen Aktivitäten, während es die Kompetenz in der deutschen Sprache und anderen Bereichen erhöht. Es folgen Lektionspläne für das Lernbuch II, die darauf ausgelegt sind, diese Ziele mit Schüler*innen im Vorschul-/Grundschulalter zu erreichen.

> Hilfreich, zu wissen: Jeder Lektionsplan enthält eine kurze Unterrichtsorientierung für Lehrer. Der Unterrichtsschwerpunkt ist fett und kursiv gedruckt. Beachten Sie insbesondere die Lernergebnisse, die am Ende jedes Lektionsplans stehen. Lektionsziele und Lernmöglichkeiten sind ebenfalls enthalten. In allen Fällen sind die ersten Aufzählungspunkte die Lektionen des Kapitels, die sich auf die Prinzipien beziehen. Dies kann helfen, den Unterricht zielgerichtet zu gestalten und in eine begrenzte Unterrichtszeit einzupassen. Die verbleibenden Punkte beschreiben das Lernen im weiteren Sinne.

Mein inneres Wissen (Buch II) Handbuch für Lehrer*innen

Lehrplan Kapitel 1
Die Entdeckung meines inneren Wissens

Mit der Orientierung beginnen

Die Lernenden werden auf eine Reise eingeladen, die ihre eigene natürliche innere Weisheit offenbart. Sie erleben ihr inneres Wissen und entdecken, dass er ihnen hilft, Entscheidungen zu treffen und sich sicher zu fühlen. Durch Reflexion und Diskussion werden sich die Lernenden zunehmend bewusst und finden ihre eigenen Worte, um ihr inneres Wissen zu benennen. Die Schüler erforschen, wie ihr neues Wissen mit ihnen wächst, während sie Mitgefühl und Lebensfreude erfahren. Das Vertrauen in die innere Weisheit hilft ihnen, Ihr Gleichgewicht zu finden. Die "wolkigen" Gedanken, die ein gutes Gefühl verdecken, vergehen und die Schüler erleben die "Sonne" eines schöneren Gedankens. Kraft-Wörter werden in Tagebucheinträgen über ihr inneres Wissen verwendet.

Dieses Kapitel konzentriert sich auf die Erfahrung und Vertrautheit der Lernenden mit ihr inneres Wissen. Das verbesserte Bewusstsein für das persönliche Wohlbefinden bereitet jeden darauf vor, verantwortungsvoll zu wissen, dass sein inneres Wissen jederzeit verfügbar ist.

Vorwissen für den Lerner, finden Sie in diesem Handbuch zum Kopieren muss vor der ersten Lektion ausgefüllt werden. In der letzten Unterrichtsstunde wird eine Lernerfolgskontrolle ausgefüllt.

Lernsziele

Kapitel 1 zielt darauf ab, dass Lernende:
- das Verständnis von den Prinzipien durch ein Bewusstsein ihres inneren Wissens erhöhen
- durch Diskussion "mich selbst erkennen und meine Welt verstehen" beleben
- die Sprachentwicklung fördern
- Lesestrategien entwickeln
- Kreativität mit persönlichem Schreiben und Kunst erleben

Lernmöglichkeiten

Kapitel 1 soll die Lernenden dazu anregen:
- ein Verständnis für die Prinzipien zu erlangen in Bezug auf
  - das Erforschen und Bennen der inneren Weisheit
  - die Verbindung zur inneren Weisheit und ihr Erleben durch Reflexion
- Sprache durch Hören, Sprechen, Lesen, Schreiben zu entwickeln

Lernergebnisse

- Am Ende des 1.Kapitels werden Lernende Kenntnisse und Fähigkeiten zeigen durch:
  - ein Verständnis für die Prinzipien, wenn
  - sie ihre eigene Erfahrung beschreiben, in der das inneres Wissen genutzt wird
  - sie ihr inneres Wissen mit eigenen Worten benennen
- sie eine Geschichte erzählen, wie die inneres Wissen ihnen geholfen hat
- Teilnahme durch Zuhören
- das Lösen eines Rätsels durch Denken
- kreative und ausdrucksstarke Kommunikation durch Sprechen, Schreiben und Kunst
- das diskutieren und schreiben über die Idee des großen Ganzen:

Mein inneres Wissen ist "kraftvolles Wissen."
Weisheit "wird mit dir wachsen und dich leiten."

(Banks, 2004, p. 67)

Zusammenfassung Kernziele

Jedes Kapitel hat zwei allgemeine Lernziele: Persönliches Wohlbefinden, Bewusstheit und Verantwortung. Mit dem speziellen Fokus von Kapitel 1: Was sagen Ihnen die Schüler, was sie entdeckt haben?

Aktivitäten

Verwenden Sie Bewertungsskalen für Kunstaktivitäten, Diskussionen, Wandaktivitäten, reflektierende Tagebucheinträge und schriftliche Aufgaben.

Besondere Ressourcen

Schneekugel

Lehrplan Kapitel 2
Das wunderbarste Geschenk aller Zeiten kennen

Mit der Orientierung beginnen:

Die Lernenden entdecken, dass jeder die Gabe des Denkens hat und die Fähigkeit zu wählen, welchen Gedanken sie verwenden möchten. Der gesunde Menschenverstand oder die Weisheit, hilft uns bei der Entscheidung. Gedanken erzeugen Gefühle. Wir handeln ganz natürlich nach Gedanken, die Glück und Sicherheit erzeugen. Die Schüler probieren glückliche und ängstliche Gedanken aus. Ben hilft seinem kleinen Bruder, sich nicht mehr mit Monster- und Drachengedanken vor dem Schlafengehen zu erschrecken! Es ist ganz natürlich, dass wir über Gedanken hinauswachsen, wenn wir uns entwickeln und erfahren, dass Gefühle durch Gedanken entstehen. Gegenteil-Tag und andere Aktivitäten bieten die Möglichkeit zu sehen, wie Gedanken funktionieren. Kraft-Worte werden als Auswahl zum Thema in Tagebucheinträgen verwendet.

In diesem Kapitel geht es um die Gabe der Gedanken, die alle Gefühle hervorbringt. Jeder Mensch hat die Selbstbestimmung und eine natürliche Selbstregulierungskraft, um Gedanken auszuwählen und zu nutzen, oder einen Gedanken wie eine heiße Kartoffel fallen zu lassen! Unser inneres Wissen hilft uns, verantwortungsvolle Entscheidungen zu treffen, die zu persönlichem Wohlbefinden führen.

Lernziele

Kapitel 2 zielt darauf ab, dass Lernende:
- Das Verständnis der Prinzipien entdecken
  - Gedanken kreieren Gefühle
  - Gesunder Menschenverstand einsetzen bei der Auswahl von Möglichkeiten
  - Auswahl bei der Entscheidung, welcher Gedanke ausgesucht werden soll
- Bewusstsein für Selbstbestimmung und natürliche Selbstregulierung gewinnen
- "mich selbst kennen und meine Welt verstehen" durch Diskussion zu stärken
- die Sprachentwicklung fördern
- Lesestrategien entwickeln
- Kreativität durch persönliches Schreiben und Kunst erleben

Lernmöglichkeiten

- Kapitel 2 soll Lernende dazu anregen
  - ein Verständnis für die Prinzipien zu erlangen in Bezug auf
  - Verbindung mit innerer Weisheit
  - Erleben des kausalen Zusammenhangs zwischen Denken und Fühlen
- Reflexion der persönlichen Entwicklung anhand von Erinnerungen und Erfahrungen
- ihre Sprache zu entwickeln durch Hören, Sprechen, Lesen, Schreiben Lernergebnisse

Lernergebnisse

Am Ende von Kapitel 2 haben die Lernenden folgende Fähigkeiten und Kenntnisse erworben:

- ein Verständnis für die Prinzipien, durch
  - hören auf ihr inneres Wissen
  - reflektieren und berichten über das Treffen von Entscheidungen mit gesundem Menschenverstand.
  - Selbstbestimmung und natürliche Selbstregulierung zeigen
- Teilnehmen durch Zuhören
- Ein Rätsel lösen
- Kreativität und Ausdrucksstärke durch Sprechen, Schreiben und Kunst ausdrücken
- Über die Idee des großen Ganzen diskutieren und darüber schreiben:

Du hast die Gabe der Gedanken, die du nach Belieben einsetzen kannst.
Stell dir das vor!

Zusammenfassung Kernziele

Jedes Kapitel hat zwei allgemeine Lernziele: Bewusstsein für das persönliche Wohlbefinden und Verantwortung. Was haben die Schülerinnen und Schüler mit Blick auf Kapitel 2 entdeckt?

Aktivitäten

Verwenden Sie Bewertungsskalen für Kunstaktivitäten, Diskussionen, Tagebucheinträge und schriftliche Arbeiten.

Besondere Ressourcen

Spielknete

Lehrplan Kapitel 3
Teilen = Fürsorge

Mit der Orientierung beginnen

Sofias Großmutter sagt, dass das Verständnis der spirituellen Gabe der Gedanken uns zeigt, dass wir eine Wahl haben und nicht jedem Gedanken folgen müssen. In der Schule wurde Wasser auf das Bild verschüttet, das Sofia für Großmutters Geschenk gemalt hatte; Sofia war wütend und besorgt. Die Großmutter sagte, sie sei sich sicher, dass Sofia eine andere Vision haben würde und ein schönes Bild malen könne. Sofia ließ ihren Geist frei, sie fühlte sich ruhig und stellte sich vor, neue Szenen zu malen. Sofia spürte, dass sie und ihre Großmutter sowohl gaben als auch empfingen. Die Lernenden erzählen, wenn auch sie eine Sorge loslassen. Zu den Aktivitäten gehören das Erzählen von Geschichten, Zuhören und das Schaffen von Kunstwerken. In Tagebucheinträgen werden Machtworte über die Weisheit des Gebens und Nehmens verwendet.

In diesem Kapitel geht es um die Wahl, die unser inneres Wissen uns bietet, wenn wir besorgt oder verärgert sind. Er zeigt sich in Form einer Einsicht, eines Gedankens, der uns ein besseres Gefühl vermittelt. Es gibt immer eine Chance, sich ruhig zu fühlen, sich auf natürliche Weise selbst zu regulieren und in persönlichem Wohlbefinden zu sein. Wir können sowohl geben als auch empfangen; es ist ein Kreislauf der Fürsorge und des Teilens.

Lernsziele

Kapitel 3 zielt darauf ab, dass Lernende:
- ein besseres Verständnis der drei Prinzipien erhalten durch
  - das Erleben der Beziehung zwischen der Wahl der Gedanken und dem Wohlbefinden
  - die Entdeckung des Wertes von Einsichten, die auf natürliche Weise gute Gefühle erzeugen
- den Wert des Teilens mit einem fürsorglichen Erwachsenen entdecken
- eine Stärkung ihres Bewusstseins für Selbstbestimmung und natürliche Selbstregulierung erfahren
- durch Diskussionen die Selbsterkenntnis und das Verständnis für ihre Welt stärken
- in der Sprachentwicklung gefördert werden
- Lesestrategien entwickeln
- Kreativität durch Schreiben und Kunst entdecken

Lernmöglichkeiten

Kapitel 3 soll Lernende dazu anregen:
- ein Verständnis für die Prinzipien zu erlangen in Bezug auf
  - alte Gedanken loslassen und neue Gedanken erfahren zu können
  - das Erleben von einsichtigen Gedanken, die positive Gefühle erzeugen
- über die Rolle des Denkens und der Wahlmöglichkeiten in gemeinsamen und fürsorglichen Beziehungen nachzudenken
- Sprache zu entwickeln durch Hören, Sprechen, Lesen, Schreiben

Lernergebnisse

Am Ende von Kapitel 3 haben die Lernenden folgende Fähigkeiten und Kenntnisse erworben:
- ein Verständnis für die 3 Prinzipien wenn
  - sie darüber berichten, wie sie das Hören auf ihr inneres Wissen und die Entscheidung, einen Gedanken loszulassen, erlebt haben
  - sie ihr Bewusstsein über eine Einsicht, die eine Sorge vertreibt, teilen
- Teilnahme durch Zuhören
- kreativ und ausdrucksstark in Wort, Schrift und Kunst zu kommunizieren
- Diskutieren und Schreiben über die Idee des großen Ganzen:

Geben und Nehmen ist ein Kreislauf.

Zusammenfassung Kernziele

Jedes Kapitel hat zwei allgemeine Lernziele: Bewusstsein für das persönliche Wohlbefinden und Verantwortung. Was haben die Schülerinnen und Schüler mit Blick auf Kapitel 3 entdeckt?

Aktivitäten

Verwendung von Bewertungsskalen für Kunstaktivitäten, Diskussionen, Tagebucheinträge und Geschichtenerzählen.

Mein inneres Wissen (Buch II) Handbuch für Lehrer*innen

Lehrplan Kapitel 4
Die Welle reiten

Mit der Orientierung beginnen

Luca wuchs voller schöner Gefühle auf, bis sein älterer Bruder David begann, ihn zu erniedrigen. Bald verlor Luca seine Freude und alle sahen seine schlechte Laune. Schon bald hielt sich Luca für unklug, hörte den Lehrern nicht mehr zu und war auf fast jeden wütend. Beim Surfen vertraute sich Luca seinem Onkel an, der sagte: "Das gibt's doch nicht!" Luca erfuhr, dass sein "Licht" von grauen "Steinen" negativer Gedanken verdeckt war. Zeit für "Huli die Schale!" Die Schüler nutzen Kraftwörter, Tagebuchführung und verschiedene Aufgaben, um darüber nachzudenken, wie Gedanken vorübergehend ihr inneres Wissen verdecken.

In diesem Kapitel geht es um die häufige Erfahrung, dass das innere Wissen durch zu viel Denken überdeckt wird. Wenn sich negative Gedanken in den Weg stellen, geht es mit den Gefühlen schnell bergab. "Huli die Schale" ist eine andere Art zu sagen, jeder kann mit sein inneres Wissen in Verbindung treten.

HINWEIS: Jane Tucker hörte zum ersten Mal von der hawaiianischen Schale-des-Lichts-Lehre von einem örtlichen Gesundheitsexperten auf einer Konferenz auf O'ahu im Jahr 1996. Die Metapher der Schale des Lichts ist das Herzstück dieser Geschichte, die sie 2002 für die Schüler ihres Peace Skills-Kurses schrieb. Jahre später wurde ihr ein Exemplar von Tales from the Night Rainbow (siehe unten) geliehen und sie sah zum ersten Mal die schriftliche Aufzeichnung dieser wunderschönen traditionellen Lehre. Erzählungen vom Regenbogen der Nacht, Mo'olelo o Na Po Makole: Die Geschichte einer Frau, eines Volkes und einer Insel, eine mündlich überlieferte Geschichte, erzählt von Kaili'ohe Kame'ekua von Kamalo, Moloka'i 1816-1931, überarbeitete und englische Ausgabe, 1990 Pali Jae Lee und Koko Willis, Night Rainbow Publishing Luca. Honolulu, HI

Lernsziele

Kapietel zielt 4 darauf ab, dass Lernende:
- ein besseres Verständnis der drei Prinzipien erhalten durch
  - Entdeckung des natürlichen Bewusstseins für gute Gefühle
  - gewahr werden der sich verändernden Natur der Gedanken
  - Erkennen der Auswirkungen von gedanklichen Entscheidungen auf das Wohlbefinden von sich selbst, anderen und Freundschaften
  - Bewusstseinsbildung durch Austausch mit einem fürsorglichen Erwachsenen
- durch Diskussionen die "Selbsterkenntnis und das Verständnis für meine Welt" stärken
- die Sprachentwicklung fördern
- Lesestrategien entwickeln
- Kreativität mit Schreiben und Kunst erleben Lernmöglichkeiten

Mein inneres Wissen (Buch II) Handbuch für Lehrer*innen

Lernmöglichkeiten

Kapitel 4 soll die Lernenden dazu anregen:
- ein Verständnis für die 3 Prinzipien in Bezug auf
  - die Verbindung mit ihrer inneren Weisheit, um weise Entscheidungen zu treffen
  - Nachdenken über mächtiges Wissen: "Huli die Schale!"
- ihre Erfahrungen zu beschreiben
- ihre Sprache weiterzuentwickeln durch Zuhören, Sprechen, Reden, Schreiben

Lernergebnisse

Am Ende des 4. Kapitels werden Schüler*Innen ihre Kompetenzen und ihr Wissen zeigen durch:
- ein Verständnis der 3 Prinzipien wenn
  - sie sich eines guten Gefühls bewusst sind
  - sie auf ihr inneres Wissen hören
  - sie Vertrauen darauf haben, dass ein natürlicher, hilfreicher Gedanke zu Wohlbefinden führt
  - sie positive Gefühlen wie Optimismus und Zuversicht und Ausprägung von Resilienz erleben
- Selbstbestimmung und natürliche Impulskontrolle zur Verhaltensregulierung
- Teilnehmen durch Zuhören
- kreative und ausdrucksstarke Kommunikation in Wort, Schrift und Kunst
- die Diskussion und das Schreiben über das große Ganze:

Jedes Kind ist geboren mit einer "Schale mit Licht" gefüllt mit Liebe und Weisheit.

Zusammenfassung Kernziele

Jedes Kapitel hat zwei allgemeine Lernziele: Bewusstsein für das persönliche Wohlbefinden und Verantwortung. Was haben die Schülerinnen und Schüler mit Blick auf Kapitel 4 entdeckt?

Aktivitäten

Verwenden Sie Bewertungsskalen für künstlerische Aktivitäten, Diskussionen, reflektierende Tagebucheinträge, Nacherzählungen und schriftliche Arbeiten.

Besondere Ressourcen

Kaleidoskop

Lehrplan Kapitel 5
Freundschaft ist so gut wie Gold

Mit der Orientierung beginnen

Die Schüler*innen begegnen zwei Geschichten. In der einen geht es um Marko und Lino, die einen Zwischenfall mit einem Bleistift in der Klasse verarbeiten. Die Leser erfahren, dass Marko eine Ampel mit roten, gelben und grünen Lichtern sieht, die ihn daran erinnern, "Stopp!" zu sagen und seine Gedanken zu ordnen. Mit diesem geistigen "grünen Licht" geht die Geschichte mit einem viel gesünderen Ausgang weiter. Die Freundschaftsgeschichte von Emily und Sofia beinhaltet Herausforderungen wie ängstliches Denken, Sorgen, sogar Beschimpfungen und einen neuen Freund. Sie entdecken, dass es immer möglich ist, seine Meinung zu ändern und Freunde zu werden. Diskussionen und andere Aufgaben fördern das Bewusstsein und den Austausch. Kraft-Wörter werden in Tagebucheinträgen verwendet, um gesunde Entscheidungen zu treffen und Freundschaften zu entwickeln.

In diesem Kapitel geht es darum, auf unseren sein inneres Wissen zu hören. Einblicke unterstützen gesunde Entscheidungen, Zugehörigkeit und Freundschaften. Zu wissen, wann man "Stopp, Warte, Geh" sagen sollte, ist eine schnelle Erinnerung daran, Gedanken auf respektvolle und freundliche Weise zu nutzen.

Lernsziele

Kapietel zielt 5 darauf ab, dass Lernende:
- ein besseres Verständnis der Grundsätze zeigen, durch
  - Hören auf die innere Weisheit, um gesunde Freundschaftsentscheidungen zu treffen
  - Wissen, sich beim Denken an "Stopp, warten, gehen" zu erinnern
  - Entdecken, dass wir unsere Meinung ändern können und eine Perspektive haben
- Empathie zeigen
- Inklusion erforschen
- Unterstützung erkennen und anerkennen
- Probleme friedvoll lösen
- durch Diskussionen die "Selbsterkenntnis und das Verständnis für meine Welt" stärken
- die Sprachentwicklung fördern
- Lesestrategien entwickeln
- Kreativität mit Schreiben und Kunst erleben

Lernmöglichkeiten
Kapitel 5 soll die Schüler*innen dazu anregen:
- Ein Verständnis der 3 Prinzipien zu vertiefen
  - Möglichkeiten erkennen, um gesunde Entscheidungen zu treffen
  - positive Wege erkennen, um gesunde Freundschaften zu schließen und zu erhalten
  - Entwicklung der Sprache durch Hören, Sprechen, Lesen, Schreiben

Lernergebnisse
Am Ende des 5. Kapitels werden Schüler*Innen ihre Kompetenzen und ihr Wissen zeigen durch:
- ein Verständnis der 3 Prinzipien, wenn
  - sie ihr inneres Wissen benutzen, um Entscheidungen zu treffen
  - sie aus ruhigem Denken heraus mit Einfühlungsvermögen und Freundlichkeit handeln
  - sie innehalten, bevor sie impulsiven Gedanken nachgehen
  - eine Perspektive haben und erkennen, dass sie ihre Meinung ändern können
- Teilnahme durch Zuhören
- kreativ und ausdrucksstark durch Sprechen, Schreiben und Kunst kommunizieren
- Selbstbestimmung und eine natürliche Kontrolle von Impulsen zur Verhaltensregulierung
- gesunde Freundschaften schließen und erhalten
- respektvolle Entscheidungen zu treffen, die auf dem Wohlbefinden von sich selbst und anderen basieren
- friedliche Problemlösung
- über das große Ganze diskutieren und schreiben:

Wir können gesunde Entscheidungen treffen
und gesunde Freundschaften schließen und erhalten.

Zusammenfassung Kernziele
Jedes Kapitel hat zwei allgemeine Lernziele: Bewusstsein für das persönliche Wohlbefinden und Verantwortung. Was haben die Schülerinnen und Schüler mit Blick auf Kapitel 5 entdeckt?

Aktivitäten
Verwenden Sie Bewertungsskalen für Diskussionen, Posteraktivitäten, Tagebucheinträge und Austauschaktivitäten.

Lehrplan Kapitel 6
Was für einen Unterschied eine Einsicht macht

Mit der Orientierung beginnen

Paul hatte schnell den Dreh raus, wie man Skateboard fährt. Selbst ältere Kinder schauten zu und waren erstaunt. Paul fing an zu glauben, dass die Kinder ihn deswegen wirklich mochten. Ein neuer Junge namens Carlos konnte es ihm gleichtun und viele neue Dinge tun. Die Kinder begannen, Carlos zu beobachten; Paul wurde zittrig, krank und blieb weg. Pauls Großvater sagte, dass die Leistung von Carlos Paul nichts weggenommen hat. Er hat erkannt, dass es auf das ankommt, was in ihm steckt: hilfsbereit, einladend und lustig zu sein. Diskussion und Aufgaben betonen, dass das Meistern einer neuen Fähigkeit einfach ist und Spaß macht. Kraftwörter werden verwendet, um darüber zu schreiben, wer und was sie im Inneren sind.

In diesem Kapitel geht es darum, das persönliche Wohlbefinden im Inneren zu finden, zu wissen, wer und was wir sind. Negatives Denken führt dazu, dass wir vergessen, was in uns ist. Einsichten führen zu guten Entscheidungen und einer neuen Sichtweise, die das Wohlbefinden und Lernen belebt.

Lernsziele

Kapitel 6 zielt darauf ab, dass die Schüler*Innen:
- ein besseres Verständnis der Prinzipien entwickeln, indem sie
  - darauf vertrauen, wer und was sie im Inneren sind
  - ihre Weisheit nutzen
  - den Wert der Einsicht erfahren, eine Perspektive haben
- integrativ sind
- familiäre Unterstützung erkennen und annehmen
- durch Diskussionen "mich selbst zu kennen und meine Welt zu verstehen" zu beleben
- die Sprachentwicklung fördern
- Lesestrategien entwickeln
- Kreativität durch persönliches Schreiben und Kunst erleben

Lernmöglichkeiten

Kapitel 6 soll die Schüler*innen dazu anregen:
- ein Verständnis für die Grundsätze zu erlangen in Bezug auf
  - weiterhin Möglichkeiten zu erkennen, gesunde Entscheidungen zu treffen
  - respektvolle Entscheidungen zu treffen, die auf dem Wohlbefinden von sich selbst und anderen beruhen
- die Sprache durch Hören, Sprechen, Lesen und Schreiben zu entwickeln

Lernergebnisse

Am Ende von Kapitel 6 haben die Schüler*innen folgende Fähigkeiten und Kenntnisse erworben:
- Verständnis für die Prinzipien durch
  - Treffen gesunder Entscheidungen
  - Nutzen von Erkenntnissen und neue Perspektiven einnehmen
- Freude daran haben, wer sie sind
- Teilnahme durch Zuhören
- andere respektvoll zu behandeln
- Unterstützung zu erkennen und anzunehmen
- kreativ und ausdrucksstark durch Sprechen, Schreiben und Kunst kommunizieren
- gesunde Freundschaften aufzubauen und zu pflegen
- die Idee des großen Ganzen zu diskutieren und darüber zu schreiben:

Was zählt ist, wer und was du im Inneren bist.

Zusammenfassung Kernziele

Jedes Kapitel hat zwei allgemeine Lernziele: Bewusstsein für das persönliche Wohlbefinden und Verantwortung. Was haben die Schülerinnen und Schüler mit Blick auf Kapitel 6 entdeckt?

Aktivitäten

Verwenden Sie Bewertungsskalen für Diskussionen, Poster - Aktivitäten, Tagebucheinträge und Austauschaktivitäten.

Besondere Ressourcen

Fadenspiele oder andere Spiele

Mein inneres Wissen (Buch II) Handbuch für Lehrer*innen

Lehrplan Kapitel 7
Die Räder des Lernens drehen sich weiter

Mit der Orientierung beginnen

Sandra liebte das Leben. Sie war verspielt, phantasievoll und lernte immer etwas. Ein Cousin riet ihr, ernster zu sein, sich "anzustrengen". Ein anderer sorgte sich, dass ihr die Zeit davonlief. Ihr Bruder sagte, sie solle sich selbst an die erste Stelle setzen. Sandra begann, so zu denken, und war bald sehr unglücklich. Sie bemerkte, wie ihr kleiner Bruder kicherte, als ein Gummientchen im Kinderbecken auftauchte. Sandras Gedanken klärten sich ein wenig. Dann kam ihr die Erkenntnis: "Mein Glück taucht immer wieder auf!" Ihr inneres Wissen half ihr bei der Entscheidung, diesen Gedanken am Leben zu erhalten. Sandra erlebte Resilienz und das Rad des Lernens drehte sich wieder mühelos. Sie zeigte ganz natürlich Zuversicht und Optimismus. Kraftwörter werden verwendet, wenn man über Gedanken nachdenkt, die das Glück beeinflussen.

In diesem Kapitel geht es um das Erkennen eines guten Gefühls oder Geisteszustands. Die Schüler*innen entdecken die wichtige Rolle, die unser inneres Wissen spielt, wenn es darum geht, einen Wechsel zu einem unglücklichen Zustand zu signalisieren. Eine Einsicht bringt eine neue motivierende Idee, und ein Wechsel zu Glück, Spiel, Freude und Lernen ist einfacher.

Lernsziele

Kapitel zielt 7 darauf ab, dass Lernende:
- ein besseres Verständnis der Prinzipien entwickeln, indem sie
  - entdecken, dass Freude erlebt werden kann
  - erkennen, dass wir manchmal unschuldig negative Gedanken folgen
  - sich auf die Erkenntnisse des inneren Wissens verlassen, um glücklich zu werden
- Stärkung der Selbstbestimmung und Selbstregulierung erfahren
- Zuversicht und Optimismus erleben
- die Unterstützung der Familie anerkennen und akzeptieren
- respektvolle Gedanken-Entscheidungen auf Basis des eigenen Wohlbefindens treffendurch Diskussionen die "Selbsterkenntnis und das Verständnis für meine Welt" zu stärken
- die Sprachentwicklung fördern
- Lesestrategien entwickeln
- Kreativität mit persönlichem Schreiben und Kunst erleben

Mein inneres Wissen (Buch II) Handbuch für Lehrer*innen

Lernmöglichkeiten

Kapitel 7 soll die Schüler*innen dazu anregen:
- ein Verständnis für die 3Prinzipien zu erlangen in Bezug auf
  - Bewusstsein über die eigene Widerstandskraft durch neue Erkenntnisse
- über die Macht des Denkens nachdenken, um ihre Ideen und Erfahrungen zu entwickeln
- Sprache zu entwickeln durch Hören, Sprechen, Lesen, Schreiben

Lernergebnisse

Am Ende von Kapitel 7 haben die Schüler*innen folgende Fähigkeiten und Kenntnisse erworben:
- ein Verständnis für die 3Prinzipien wenn sie
  - sich dem Wechsel der Gefühle bewusst sind
  - instinktiv auf ihr inneres Wissen hören
  - sie auf hilfreiche Erkenntnisse reagieren und ein besseres Gefühl, einen besseren Geisteszustand erleben
  - natürliche Motivation erleben
- Teilnehmen durch Zuhören
- Steigerung der Selbstwirksamkeit, des Bewusstseins für Fähigkeiten und Stärken
- kreativ und ausdrucksstark in Wort, Schrift und Kunst zu kommunizieren
- kompetentes Diskutieren und Schreiben über die Idee des großen Ganzen:

> "Manchmal waren es nur ihre Gedanken, die sie unglücklich machten, und wenn sie verstehen könnten..., würde es ihnen helfen, sich wohlzufühlen."
>
> (Banks, 2004, p. 46)

Zusammenfassung Kernziele

Jedes Kapitel hat zwei allgemeine Lernziele: Bewusstsein für das persönliche Wohlbefinden und Verantwortung. Was haben die Schülerinnen und Schüler mit Blick auf Kapitel 7 entdeckt?

Aktivitäten

Verwenden Sie Bewertungsskalen für Kunstaktivitäten, Diskussionen, das Schreiben von Gedichten, das Vortragen von Gedichten und den Eintrag in ein Reflexionstagebuch.

Besondere Ressourcen

Öko-Luftballons

Lehrplan Kapitel 8
Du bist ein Wunder

Mit der Orientierung beginnen

In der letzten Sitzung verwenden die Schüler*innen ihre eigenen Worte, um die persönlichen Auswirkungen ihrer MiW-Reise zu beschreiben. Verschiedene Aktivitäten befassen sich mit zentralen Themen wie z.B.

- *Mein inneres Wissen ist immer präsent.*
- *Sobald der trübe Gedanke vorüber ist, gibt es einen neuen, schöneren Gedanken.*
- *Die Entdeckung meines inneren Weisheit ist Wissen, das mit uns wächst, Liebe und Mitgefühl bringt und zu Glück führt.*
- *Wir können einen Gedanken wie eine heiße Kartoffel fallen lassen.*
- *Jedes Kind wird mit einer "Schale aus Licht" geboren, die mit Liebe und Weisheit gefüllt ist.*
- *Gedanken sind ein Geschenk, und wir haben die Wahl, auf welche Gedanken wir reagieren.*
- *In einem Zustand des Wohlbefindens sind wir einladend, freundlich und gütig; es fällt uns leicht zu lernen, Freundschaften zu schließen und zu erhalten.*
- *Einsichten helfen uns, uns selbst zu erkennen und unsere Welt zu verstehen.*
- *Die Schüler*innen gewinnen an Selbstvertrauen und Optimismus, an Bewusstsein für ihre Fähigkeiten und Stärken.*
- *Die Schüler*innen verstehen, wie sie von innen nach außen funktionieren.*
- *Sie erkennen und akzeptieren die Unterstützung der Familie, der Schule und der Gemeinschaft.*

In dieser letzten Lektion liegt der Schwerpunkt auf Rückblick und Reflexion. Die Lernenden beschreiben ihre Entwicklung in diesem Kurs. Letztendlich wird das Hören auf meinen inneres Wissen, das Verstehen der Kraft der Gedanken und das Vertrauen in die Erkenntnisse zu einer Lebensweise. Persönliches Bewusstsein und Verantwortungsbewusstsein sind natürliche Ergebnisse.

Die Selbsteinschätzung der Schüler*innen, die Sie in diesem Handbuch finden, ist am Ende dieser letzten Lektion zu bearbeiten. Siehe Details unten.

Lernsziele

Kapietel zielt 8 darauf ab, dass Lernende:
- ein besseres Verständnis der Prinzipien entwickeln, indem sie
  - über das in den Lektionen über die 3Prinzipien Gelernte nachdenken
  - das Bild des "großen und Ganzen" des Wandels in sich selbst sehen
- sich ihrer Fähigkeiten und Stärken bewusst werden (Selbstwirksamkeit)
- ein Verständnis dafür erlangen, wie man langfristig gesunde Entscheidungen trifft
- die Unterstützung durch Familie, Schule und Gemeinde anerkennen
- weiterhin Lesestrategien anwenden
- durch Diskussionen die "Selbsterkenntnis und das Verständnis für meine Welt" stärken
- die Sprache durch Hören, Sprechen, Lesen und Schreiben weiterentwickeln
- persönliche Fähigkeiten in Schrift und Kunst erkennen

Lernmöglichkeiten

Am Ende von Kapitel 8 haben die Schüler*innen folgende Fähigkeiten und Kenntnisse erworben:
- ein Verständnis für die 3Prinzipien wenn
  - sie eine Perspektive haben
  - darüber nachdenken, was sie in Mein inneres Wissen gelernt haben
  - sie über ihre Fähigkeiten, Stärken, ihr Wohlbefinden und ihren Unterstützerkreis nachdenken
- Entwicklung der Sprache durch Hören, Sprechen, Lesen und Schreiben

Lernergebnisse

Am Ende von Kapitel 8 haben die Schüler*innen folgende Fähigkeiten und Kenntnisse durch das Verständnis der 3Prinzipien erworben:
- auf unterschiedliche Weise mitzuteilen, wie sie sich selbst kennen und ihre Welt verstehen
  - kreativ und ausdrucksstark in Wort und Schrift zu kommunizieren
  - Selbstwirksamkeit, Zuversicht und Optimismus in Bezug auf ihre Fähigkeit, zu lernen und Freunde zu finden und zu halten
  - persönliches Bewusstsein, Wohlbefinden und Verantwortung zu zeigen, die sie der Kenntnis ihres inneren Wissens, dem Verstehen von Gedanken und der Nutzung von Einsichten zuschreiben
  - Respekt vor sich selbst, der Familie und der Gemeinschaft zu zeigen
  - sich auf natürliche Weise selbst zu regulieren, indem sie auf ihren gesunden Menschenverstand hören, bevor sie handeln
- kompetent über die Idee des großen Ganzen zu diskutieren und zu schreiben:

"Es ist nie zu spät zu träumen, und wenn dein Herz und deine Gedanken rein sind, können deine Träume wahr werden."

(Banks, 2004, p. 68)

Zusammenfassung Kernziele

Jedes Kapitel hat zwei allgemeine Lernziele: Bewusstsein für das persönliche Wohlbefinden und Verantwortung. Was haben die Schülerinnen und Schüler mit Blick auf Kapitel 8 entdeckt?

Aktivitäten

Verwenden Sie Bewertungsskalen für Kunstaktivitäten, Diskussionen, das Schreiben von Gedichten, das Vortragen von Gedichten und den Eintrag in ein Reflexionstagebuch.

Selbsteinschätzung Schüler*innen

Nachdem die Schüler*innen die MiWII Selbsteinschätzung ausgefüllt haben, können sie es mit ihrer MiWII Einschätzung zu Beginn der Lektionsreihe vergleichen und Forschritte mit der Lehrerin/dem Lehrer oder der gesamten Gruppe zu besprechen. Diese Selbsteinschätzung erfasst die Ergebnisse der beiden großen MiW-Ziele: (1) Bewusstsein für das persönliche Wohlbefinden und (2) Kommunikation, Denken, persönliche und soziale Verantwortung.

Lehrplan Kapitel 9
Kraft-Wörter

Mit der Orientierung beginnen

In diesem letzten Kapitel werden wichtige Kraft-Wörter zum Aufbau des Wortschatzes aufgelistet, die in jedem der vorangegangenen Kapitel verwendet wurden. Verweisen Sie die Lernenden auf diese Seiten, um die Bedeutung dieser Schlüsselwörter herauszufinden und ihre Ausdrucksfähigkeit zu entwickeln. Die Wortlisten der Kapitel können auch als Denkanstöße für kleine Diskussionsgruppen und schriftliche Reflexionen verwendet werden.

Hervorragende Ergänzung zu Mein inneres Wissen

Nachdem Sie MiW abgeschlossen haben, können Sie mit diesem besonderen Buch weitermachen. Der Roman "Liebe Liza" von Sydney Banks (2004) ist eine ausgezeichnete Kindergeschichte, die man vor, während oder nach der Lektüre von Mein inneres Wissen genießen kann. Von der Rückseite des Buches "Liebe Liza":

"In diesem charmanten, herzerwärmenden Roman erzählt Sydney Banks die unvergessliche Geschichte eines armen, aber glücklichen Waisenmädchens, das in den Slums des 19. Jahrhunderts in London lebte. Aus den wertvollen Briefen, die ihre Mutter ihr hinterlassen hat, lernt Liza ein einzigartiges Verständnis vom Leben. Auf ihre besondere Art und Weise berührt ihre stille Weisheit die Herzen und das Leben aller, denen sie begegnet."

Unsere eigenen Favoriten

Darüber hinaus können Sie als Lehrkraft im Klassenzimmer Ihre eigenen Lieblingsbücher finden, um die in Mein inneres Wissen vorgestellten 3Prinzipien weiter zu vermitteln. Die Prinzipien sind elementar und lassen sich daher mit jeder Geschichte und jedem Buch verbinden.

Schlussbemerkung für Lehrer

Wenn Sie diesen Kurs abgeschlossen haben, nehmen Sie sich Zeit, darüber nachzudenken, was Sie gut gemacht haben und was Sie in Zukunft versuchen könnten. Achten Sie besonders darauf, was Ihre eigene Weisheit über Ihre Unterrichtserfahrung mit Mein inneres Wissen verrät. Wie hat es sich nicht nur auf Ihre Schüler, sondern auch auf Sie selbst ausgewirkt? Sydney Banks rät uns, unsere Wahl zu treffen und die innere Weisheit für uns selbst zu finden. Wenn wir sie gefunden haben, teilen wir sie natürlich, und John Hattie rät uns, unsere Wirkung zu erkennen. Das ist eine einfache Logik. Herzlichen Glückwunsch, dass Sie in der Welt etwas bewirken!

Bewertung und Beobachtun

Erste Lehrstunde:

- Die Lernenden füllen die MiW II Vorab- und Abschlussbeurteilung vor der ersten Unterrichtsstunde aus. Bitte stellen Sie sicher, dass die Kinder verstehen, wie sie den Test ausfüllen müssen. Geben Sie bei Bedarf Unterstützung beim Lesen.

Alle Lehrstunden:

- Lehrkräfte verwenden geeignete Kriterien für die Bewertungen der deutschen Sprachkenntnisse.

Letzte Lehrstunde:

- Die Lernenden wiederholen die MiW Abschlussbeurteilung.

    Lehrkraft füllt die *"Lehrer-Schnappschuss-Beobachtung"* aus.

    Lehrkräfte und Lernende vergleichen die Ergebnisse der **Vorab- und Abschlussbeurteilung** der Lernenden und diskutieren die Highlights dieser Ergebnisse. Dies kann einzeln oder in der Gruppe geschehen. Beachten Sie besonders das gesteigerte persönliche Bewusstsein, das Verständnis für Wohlbefinden und Verantwortung. Schließen Sie mit einer Feier und der Absicht ab, Mein inneres Wissen ein Leben lang zu nutzen. (Lehrkräfte eingeschlossen)

    Besondere Anmerkung: Wenn möglich, kann ein/e Mitarbeiter*in des Forschungsbüros des Schulbezirks ein effizientes computergestütztes System für die Datenerfassung von Vorab- und Abschlussbeurteilungen, die Analyse und die Berichterstattung für den/die Klassenlehrer*in entwickeln. Es können sowohl digitale Berichte für einzelne Schüler*innen als auch für die ganze Klasse entwickelt werden. Es kann hilfreich sein, die Ergebnisse mit den entsprechenden Verantwortlichen des Schulhauses oder des Bezirks zu teilen, um das Programm zu bewerten und zu planen.

Schüler*innen MiW II Vor -und Nach Selbsteinschätzungsbogen
Klasse_____ID_____Datum_____

Kreise deine Antwort ein, bevor du mit dem ersten Kapitel beginnst, und nachdem du das letzte Kapitel beendet hast!

Fast nie = 1; Ein bisschen = 2; etwas = 3; meistens = 4; sehr = 5

Kreise für jede Aussage die Antwort ein, die auf dich zutrifft	1	2	3	4	5
1. Ich bin mit meinem Leben zufrieden.	1	2	3	4	5
2. Ich warte, bis ich gute Ideen habe.	1	2	3	4	5
3. Wenn ich mir Sorgen mache, lasse ich die Sorgen los.	1	2	3	4	5
4. Ich schließe einfach Freundschaften.	1	2	3	4	5
5. Ich denke zu viel nach.	1	2	3	4	5
6. Ich mag mich, wie ich bin.	1	2	3	4	5
7. Ich ertappe mich selbst, wenn ich mich aufrege.	1	2	3	4	5
8. Ich bin eine gute Schülerin/ein guter Schüler.	1	2	3	4	5
9. Ich weiß, wen ich um Hilfe bitten kann.	1	2	3	4	5
10. Ich halte mich aus Konflikten mit anderen heraus.	1	2	3	4	5
11. Ich mag meine Gefühle.	1	2	3	4	5
12. Tief in meinem Inneren, weiß ich, was das Richtige zu tun ist.	1	2	3	4	5

Was hast du von Mein inneres Wissen gelernt, das dir am meisten geholfen hat?

Mein inneres Wissen (Buch II) Handbuch für Lehrer*innen

Lehrer-Schnappschuss-Beurteilung der Lernenden

Bevor Sie dieses Formular ausfüllen, überprüfen Sie den Fortschritt jedes Kindes anhand eines Vergleichs der Vorab- und Abschlussbeurteilungen. Reflektieren Sie und füllen Sie dann diesen "Schnappschuss" aus, um Ihre wichtigsten Beobachtungen festzuhalten. Nehmen Sie sich Zeit für jeden Lernenden, um zu hören, wie er seine persönlichen Fortschritte wahrnimmt. Teilen Sie dann Ihre Beobachtungen mit. Verwenden Sie sie bei Bedarf für Berichte.

Name: _____ Datum: _____

Bewusstsein für persönliches Wohlbefinden

    fast nie   1   2   3   4   5   sehr häufig

Beobachtungen

Kommunikation, Denken, soziale und persönliche Verantwortung

    fast nie   1   2   3   4   5   sehr häufig

Beobachtungen

Wichtige Information zum Lernenden

Erscheinen im Unterricht
Noch nicht innerhalb der   1   2   3   4   5   Erfüllt vollständig die
Erwartungen   Erwartungen

Leistungen im Unterricht
Noch nicht innerhalb der   1   2   3   4   5   Erfüllt vollständig die
Erwartungen   Erwartungen

Soziales Verhalten in und außerhalb des Unterrichts
Noch nicht innerhalb der   1   2   3   4   5   Erfüllt vollständig die
Erwartungen   Erwartungen

an den Unterrichts-Beurteilungen
Noch nicht innerhalb der   1   2   3   4   5   Erfüllt vollständig die
Erwartungen   Erwartungen

Beobachtungen:

Bewertungsskalen für Aufgaben

Name: _____ Kapitel: _____

Bewertungsskala:

5	Außergewöhnlich gut; erfüllt oder übertrifft eindeutig alle Kriterien
4	Sehr gut; erfüllt alle Kriterien und übertrifft einige Kriterien
3	Gut; erfüllt alle Kriterien
2	Weniger als akzeptabel; erfüllt einige Kriterien; bietet Unterstützung
1	Begrenzt; erfüllt nur wenige Kriterien; benötigt Anpassungen/Änderungen

Künstlerische Kriterien	5	4	3	2	1

- original
- fängt das Wesentliche ein
- effektive Nutzung des Raums
- farbig, schattiert oder Verwendung von Tinte

Kriterien der Zugehörigkeit	5	4	3	2	1

- nachdenklich
- zeigt Zusammenhänge auf
- genau
- lesbar

Diskussions-kriterien	5	4	3	2	1

- unvoreingenommen gegenüber anderen Menschen
- respektvoll gegenüber den Standpunkten anderer
- teilt seine eigene Sichtweise
- kann das "große Ganze" sehen

Erstellen der Poster	5	4	3	2	1

- klar, übersichtlich
- effektive Nutzung des Raums
- farbig
- genau

Persönliche Metapher	5	4	3	2	1

- Image hat Wirkung
- authentische Qualitäten
- effektive Nutzung des Raums
- ordentlich

Gedichte verfassen	5	4	3	2	1

- zeigt die Tiefe des Denkens
- organisiert
- beschreibende Sprache
- erzeugt eine Stimmung

Gedicht vortragena	5	4	3	2	1

- vorbereitet
- genau
- spricht deutlich
- selbstbewusst

Poster	5	4	3	2	1

- informativ, übersichtlich
- effektive Nutzung des Raums
- farbig
- genau

Reflexions Tagebucha	5	4	3	2	1

- verwendet "ich"
- nachdenklich
- zeigt Zusammenhänge auf
- zeigt Einsicht

Nacherzähl-ung	5	4	3	2	1

- zeigt Teilnahmebereitschaft
- beteiligt sich aktiv
- gibt einen logischen Anfang, eine Mitte und ein Ende an
- besitzt Selbstvertrauen

Mitteilen	5	4	3	2	1

- zeigt Bereitschaft
- beteiligt sich aktiv
- gibt einen logischen Anfang, eine Mitte und ein Ende an
- besitzt Selbstvertrauen

Schriftliche Ausgabe	5	4	3	2	1

- Tiefe des Denkens
- Ausführlichkeit
- logisch
- kommuniziert effektiv
- formal korrekt

Mein inneres Wissen in die Bildung integrieren

Zweifellos sind Sie als Pädagog*in dafür verantwortlich, dass die offiziellen Lernziele und Kompetenzstandards der Schüler*innen erfüllt werden. Mein inneres Wissen wurde entwickelt, um Ihnen dabei zu helfen. Mein inneres Wissen entspricht den pädagogischen Lernzielen und Kompetenzanforderungen.

Aktueller bildungspolitischer Kontext

Während wir dieses Lehrerhandbuch schreiben, entwickelt das Bildungsministerium von British Columbia in Kanada einen neuen Lehrplan mit dem Titel "Persönliches Bewusstseins- und Verantwortungsprofil". MiW richtet sich an diesen innovativen Richtlinien aus.

In der aktuellsten Version dieser Abhandlung heißt es: "Persönliches Bewusstsein und Verantwortung ist eine der drei ineinandergreifenden Kompetenzen, die sich auf den breiten Bereich des sozialen und emotionalen Lernens beziehen." Der Lehrplan erklärt weiter, dass die Kompetenz "Persönliches Bewusstsein und Verantwortung" Folgendes umfasst: Selbstbestimmung, Selbstregulierung und Wohlbefinden. Das Ministerium diskutiert Wohlbefinden folgendermaßen:

> *„Schüler*innen, die persönlich bewusst und verantwortungsvoll sind, erkennen, wie sich ihre Entscheidungen und Handlungen auf ihr geistiges, körperliches, emotionales, soziales, kognitives und spirituelles Wohlbefinden auswirken und übernehmen zunehmend Verantwortung für ihr eigenes Wohlergehen. Sie halten sich selbst gesund und körperlich aktiv, bewältigen Stress und drücken ein Gefühl des persönlichen Wohlbefindens aus. ... Sie erkennen die Bedeutung von Zufriedenheit und haben Strategien, die ihnen helfen, in herausfordernden Situationen Frieden zu finden."*

(Persönliches Bewusstsein und Verantwortung Kompetenzprofile, S. 3)

Auch in den Schulen des Vereinigten Königreichs besteht ein Interesse an der Förderung des Wohlbefindens. Gemäß "Promoting Fundamental British Values as part of SMSC in Schools" müssen Schulen die geistige, moralische, soziale und kulturelle (SMSC) Entwicklung ihrer Schüler*innen fördern. In dieser Zeit wächst weltweit das Bewusstsein für die Notwendigkeit, dass alle Bildungssysteme das lebenslange Wohlbefinden der Schüler unterstützen und fördern müssen. In diesem Sinne ist dieser die gesamte Schullaufbahn begleitende Mein inneres Wissen Lehrplan eine zeitgemäße Ressource für alle Pädagog*innen und ihre Schulsysteme.

Unabhängig davon, wo auf der Welt Sie sich befinden, ist dieses Material geeignet und erfüllt die ausgewählten Anforderungen für die Spracherziehung, Gesundheitserziehung, Berufserziehung und persönliche, soziale, gesundheitliche und wirtschaftliche Bildung. Es unterstützt die Inklusion und kann verwendet werden, um Kompetenzen in den Bereichen Kommunikation, Denken und soziales emotionales Lernen zu entwickeln, was Entscheidungsfindung, Selbstmanagement, gesunde Beziehungen und Wohlbefinden beinhaltet. Es kann auch verwendet werden, um Kompetenzen in persönlicher und sozialer Verantwortung zu entwickeln, die eine positive persönliche und kulturelle Identität, persönliches Bewusstsein und Verantwortung, geistiges Wohlbefinden sowie soziale Verantwortung umfassen.

Lernende überall können das innere Wissen entdecken, das auch einfach als gesunder Menschenverstand oder Weisheit bezeichnet wird. Sie werden zunehmend bewusst und übernehmen Verantwortung für Gedanken und Handlungen, die ihr intellektuelles, kreatives, soziales, emotionales und körperliches Potenzial sowie ihr geistiges Wohlbefinden beeinflussen. Der Zugang zur natürlichen inneren Weisheit erzeugt Freude, Liebe, Mitgefühl, persönliche Stärke und führt zu akademischem Erfolg. Die Prinzipien, auf denen dieser Lehrplan basiert, sind der Schlüssel zur Entdeckung der eigenen angeborenen geistigen Gesundheit, die sich durch Optimismus, Widerstandsfähigkeit und Wohlbefinden auszeichnet.

Das Verständnis dieser Prinzipien unterstützt und erhöht tatsächlich das Wohlbefinden, die Selbstwirksamkeit und das Selbstvertrauen der Schüler und verbessert die Fähigkeit, sich selbst zu regulieren, Ziele zu setzen und Verantwortung für die eigenen Entscheidungen und Handlungen zu übernehmen. Mit dem Verständnis werden die Schüler*innen im Laufe der Zeit geduldig lernen, in schwierigen Situationen durchhalten, um Probleme ruhig zu lösen, und die Logik erkennen, wie ihre Handlungen sie selbst und andere beeinflussen.

Ziele von Mein inneres Wissen

Die Prinzipien, die im umfassenden Lehrplan von Mein inneres Wissen besprochen werden, wirken in allen Menschen, einschließlich Schüler*innen jeden Alters. Der umfassende MiW Lehrplan (Altersstufe 4 - 19 Jahre) weist den Weg zu Ganzheitlichkeit, Glück, Kreativität und Wohlbefinden in allen Bereichen des Lebens:

Daher haben alle Lektionen in den MiW Büchern I, II und III zwei global angemessene akademische Ziele: **(1) Persönliches Wohlbefinden mit einem Verständnis dieser Prinzipien zu verbessern, und (2) Kompetenzen in Kommunikation, Denken und persönlicher und sozialer Verantwortung zu entwickeln.**

*Die Entdeckung ihres inneren Wissens ist der Schlüssel zum Lernen und verbessert die Fähigkeit jede/r Schüler*in, Entscheidungen zu treffen, sich im Leben zurechtzufinden und gesunde Beziehungen aufzubauen. Der Zugang zu dieser natürlichen Weisheit beeinflusst das Wohlergehen, das geistige Wohlbefinden, die persönliche und soziale Verantwortung und eine positive persönliche und kulturelle Identität. Sozial-emotionales Lernen, einschließlich Selbstbestimmung, Selbstregulierung und Selbstwirksamkeit sind ebenfalls natürliche Ergebnisse eines ausgeprägteren Gewahrseins. MiW erreicht seine Ziele durch den Einsatz von altersgerechten Geschichten, Diskussionen und verschiedenen schriftlichen und kreativen Aktivitäten, während es die Kompetenz in der deutschen Sprache erhöht.*

Pädagogische Lernziele und Kompetenzen

Der Lehrplan von *Mein inneres Wissen* erfüllt auch diese zusätzlichen Anforderungen, die in den meisten Schulsystemen weltweit üblich sind, wie unten beschrieben.

Kompetenzen in deutscher Sprache

Lesen und Betrachten: Die Lernenden erweitern ihr Wissen und wenden Strategien an, um zu verstehen, Ideen mit Vorwissen zu vergleichen, Schlüsse zu ziehen, zu reflektieren und zu reagieren. Die Lernenden erweitern ihren Wortschatz, während sie zum Vergnügen lesen und betrachten, Ideen erforschen und die Kreativität anregen. Sie werden Texte zusammenfassen, um Erkenntnisse zu gewinnen und Standpunkte zu kommunizieren, die das Denken erweitern.

Schreiben und Darstellen: Die Lernenden erweitern ihre Kommunikation und erstellen sinnvolle Texte, einschließlich visueller Darstellungen, die eine gedankliche Tiefe und eine logische Abfolge aufweisen. Die Lernenden verfeinern Texte mit erweitertem Wortschatz, klarer Sprache und korrekten Konventionen der Grammatik, Rechtschreibung und Zeichensetzung. Die Lernenden verwenden ihre persönliche "Stimme" und präsentieren Texte auf vielfältige Weise.

Mündliche Sprache: Zuhören und Sprechen sind die Grundlagen des Sprachenlernens, um den Wortschatz zu erweitern, Zusammenhänge herzustellen und Sichtweisen einnehmen zu können. Die Lernenden erweitern ihr Wissen, indem sie sowohl anderen zuhören als auch ihr eigenes Wissen erkennen, indem sie reflektieren, ihren eigenen Standpunkt zum Ausdruck bringen und durch mündliche Sprache kommunizieren. Die Lernenden werden proben und auftreten und dabei Sprache präsentieren und die Bedeutung der Sprache diskutieren.

Kommunikationskompetenz

Die Lernenden tauschen sich mit anderen in Gesprächen aus, um Verständnis und Beziehungen zu entwickeln. Die Lernenden arbeiten bei Aktivitäten zusammen, um ihre Arbeit zu präsentieren. Die Lernenden erwerben Wissen und teilen das Gelernte durch Präsentationen, Selbstkontrolle und Selbsteinschätzung.

Berufsbildungs- und Gesundheitserziehungsziele

Die Lernenden reagieren angemessen auf Diskriminierung und Belästigung, zeigen Respekt und verstehen, was eine gesunde Beziehung ausmacht und aufrechterhält. Die Lernenden erkennen unterstützende Beziehungen, gesunde Gedanken und Gefühle und verstehen persönliche Sicherheit. Die Lernenden haben Zugang zu Wissen, das gesunde Entscheidungen unterstützt.

Persönliche und soziale Kompetenzen (Soziales und Emotionales Lernen)
Eigenverantwortung: Die Lernenden können die Ergebnisse ihres eigenen Handelns vorhersehen. Sie verstehen und übernehmen zunehmend Verantwortung für Gedanken und Handlungen, die ihr intellektuelles, kreatives, soziales, emotionales und körperliches Potenzial sowie ihr geistiges Wohlbefinden beeinflussen. Sie sind flexibel und treffen verantwortungsvolle Entscheidungen darüber, welche Gedanken sie umsetzen wollen, basierend auf dem Wohlergehen von ihnen selbst und anderen.

- **Wohlbefinden:** Durch das Verständnis ihres inneren Wissens, der allgegenwärtigen natürlichen inneren Weisheit oder des gesunden Menschenverstandes, übernehmen die Lernenden zunehmend Verantwortung für ihr persönliches Wohlbefinden, was ihre Sicherheit und ihr Glück einschließt. Die Lernenden verstehen, dass psychische Gesundheit ein Zustand des Wohlbefindens ist.
- **Selbstbestimmung:** Die Lernenden verstehen die Gesetzmäßigkeit von Ursache und Wirkung, wonach der Gedanke das Gefühl erzeugt und der Gedanke der "Samen" des Verhaltens ist. Die Lernenden haben Selbstvertrauen und ein Bewusstsein für ihre Stärken. Sie sind in der Lage, sich Herausforderungen zu stellen und wissen, wie sie auf Mitgefühl zugreifen können. Die Lernenden setzen sich für sich selbst ein.
- **Selbstregulierung:** Die Lernenden wählen ihr inneres Wissen (ihre eigene natürliche innere Weisheit), um ihr Verhalten effektiv zu regulieren und Impulse zu kontrollieren. Die Lernenden zeigen Ehrlichkeit, motivieren sich selbst und arbeiten auf Erfolge hin.

Soziale Verantwortung: Die Lernenden sind fair, schätzen die Perspektiven anderer und lösen Probleme auf friedliche Weise. Sie zeigen Empathie, Mitgefühl und Verständnis, sind integrativ und tragen zur Gemeinschaft bei.

- **Gesunde Beziehungen:** Die Lernenden hören zu, kooperieren und kommunizieren klar. Sie zeigen Mitgefühl, Einfühlungsvermögen und Verständnis. Sie lösen Probleme mit anderen in Ruhe, holen bei Bedarf Hilfe und bieten selbst Unterstützung an.

Positive persönliche und kulturelle Identität: Die Lernenden verstehen, dass sich ihre Identität entwickelt, wenn sie Verständnis und Erfahrung im Leben gewinnen. Die Lernenden erkennen, dass die natürliche innere Weisheit in Kombination mit ihren individuellen Eigenschaften ihnen helfen kann, sich im Leben zurechtzufinden. Die Lernenden identifizieren Menschen, die ihnen helfen können, und erkennen, dass auch sie selbst Unterstützung anbieten können.

Denkkompetenz: Die Lernenden erlangen ein Bewusstsein für die Macht der Gedanken, die der Denkprozess in Aktion ist. Sie werden kreative Ideen generieren, während sie die Relevanz und die Verbindung zu übergeordneten Ideen untersuchen. Sie werden lernen, dass ihre Ideen einen Wert haben. Sie werden begreifen, dass man den eigenen Geist frei machen muss, damit neue Gedanken entstehen können. Sie werden Gelegenheiten haben, neue Ideen und Einsichten zu entwickeln, die ihr Handeln im Leben verändern. Die Lernenden wählen aus, welchen Gedanken sie ihre Aufmerksamkeit schenken, die dann logischerweise zu den beabsichtigten Ergebnissen führen.

Ergänzende Ressourcen

Empfohlene Drei-Prinzipien-Materialien

Von Sydney Banks:
Bücher
Second Chance (1983)
In Quest of the Pearl (1989)
The Missing Link: Reflections on Philosophy and Spirit (1998)
The Enlightened Gardener (2001)
Dear Liza (2004)
The Enlightened Gardener Revisited (2005).

CDs

Attitude!	*In Quest of the Pearl*	*Second Chance*
Great Spirit, The	*Long Beach Lectures*	*Washington Lectures*
Hawaii Lectures	*One Thought Away*	*What is Truth*

DVDs
Hawaii Lectures (1-4)
Long Beach Lectures (1-4)
Washington Lectures (1-2)
The Ultimate Answer

Bücher, CDs und DVDs sind erhältlich bei
www.sydbanks.com

Fortbildung für Pädagogen

The Power of the Three Principles in Schools vierteilige kostenlose Online-Fortbildungsreihe für Pädagogen, erstellt von Christa Campsall und Barb Aust. Diese Reihe ist mit den Sydney Banks Long Beach Lectures verknüpft.
www.myguideinside.com

Long Beach Lectures (1-4) Videoreihe mit Vorträgen von Sydney Banks
www.sydbanks.com/longbeach/

Educators Living in the Joy of Gratitude 18 kostenlose aufgezeichnete Weiterbildungsprogramme, die von Kathy Marshall Emerson geleitet werden. Darin sind Barb Aust, Christa Campsall und viele andere erfahrene Pädagogen zu hören, die die Prinzipien weltweit weitergeben.
Beinhaltet MiW-Lehrplan-Orientierung und eine offizielle Schüler-Fokusgruppe.
www.nationalresilienceresource.com/Educator-Preparation.html

Webinars mit Christa Campsall (auf Englisch)
https://myguideinside.com

Ausgewählte Prinzipien Publikationen für Pädagogen

Aust, B. (2016). Field notes: Capturing the moment with a story. *ASCD Express.* Retrieved from www.ascd.org/ascd-express/vol12/1207-aust.aspx

Aust, B. (2013). *The essential curriculum: 21 ideas for developing a positive and optimistic culture.* Author.

Aust, B., & Vine, W. (2003, October). The power of voice in schools. ASCD *Classroom Leadership*, 7, 5, 8.

Campsall, C. (2005). Increasing student sense of feeling safe: The role of thought and common sense in developing social responsibility. Unpublished master's thesis. Royal Roads University, Victoria, British Columbia, Canada.

Marshall Emerson, K. (2015). "Resilience research and community practice: A view from the bridge." Paper presented to the Pathways to Resilience III, 6/19/2015, Halifax, Nova Scotia.

Marshall, K. (2005, September). Resilience in our schools: Discovering mental health and hope from the inside-out. In D. L. White, M. K. Faber, & B. C. Glenn (Eds.). *Proceedings of Persistently Safe Schools 2005.* 128-140. Washington, DC: Hamilton Fish Institute, The George Washington University for U. S. Department of Justice, Office of Juvenile Justice and Delinquency Prevention.

Marshall, K. (2004). Resilience research and practice: National Resilience Resource Center bridging the gap. In H. C. Waxman, Y. N. Padron and J. Gray (Eds.). *Educational resiliency: student, teacher, and school perspectives.* Pp. 63-84. Greenwich, CT: Information Age Publishing.

Marshall, K. (November, 1998). Reculturing systems with resilience/health realization. *Promoting positive and healthy behaviors in children: Fourteenth annual Rosalynn Carter symposium on mental health Policy.* Atlanta, GA: The Carter Center, pp. 48-58.

Webseiten

3 Principles Ed Talks: www.myguideinside.com.
National Resilience Resource Center: www.nationalresilienceresource.com.
Sydney Banks: www.sydneybanks.org.
Three Principles Foundation: www.threeprinciplesfoundation.org.

Unterrichtsmaterialien für Schüler aller Altersstufen (4 - 19 Jahre)
myguideinside.com

Mein inneres Wissen® Pre-K -12 Umfassender Lehrplan

Campsall, C. with Marshall Emerson, K. (2018). My Guide Inside, Learner Book I, Charleston, SC: Create Space Independent Publishing Platform.

Campsall, C. with Marshall Emerson, K. (2018). My Guide Inside, Teacher Manual, Book I, Charleston, SC: Create Space Independent Publishing Platform.

Campsall, C., Tucker, J. (2016). My Guide Inside, Learner Book II, Charleston, SC: Create Space Independent Publishing Platform.

Campsall, C. with Marshall Emerson, K. (2016). My Guide Inside, Teacher Manual, Book II, Charleston, SC: Create Space Independent Publishing Platform.

Campsall, C. with Marshall Emerson, K. (2017). My Guide Inside, Learner Book III, Charleston, SC: Create Space Independent Publishing Platform.

Campsall, C., with Marshall Emerson, K. (2017). My Guide Inside, Teacher Manual Book III, Charleston, SC: Create Space Independent Publishing Platform.

Auf Deutsch: Mein inneres Wissen

Campsall, C., Tucker, J. (2017). Whooo ... has a Guide Inside? Charleston, SC: Create Space Independent Publishing Platform.

MiW im Kontext von Bildungstheorie und verwandter Forschung

Der umfassende MiW Lehrplan für die gesamte Schullaufbahn (Pre-K-12 / 4 - 19 Jahre) wurde entwickelt, um evidenzbasierte Ansätze für eine effektive Bildung zu ergänzen und die Resilienz der Schüler zu fördern. Die MiW Theorie beruht auf den Grundlagen bedeutender pädagogischer und anderer relevanter Forscher, wie z. B., aber nicht beschränkt auf: Bonnie Benard, Faye Brownlie, Robert Coles, Richard Davidson, Cheryl Dweck, Jenni Donohoo, Michael Fullan, John Hattie, Ann Masten, Parker Palmer, Michael Rutter, Leyton Schnellert, George Villiant, Roger Weissberg, Emmy Werner, Steven und Sybil Wolin. In jedem Land gibt es Experten, die sich dafür einsetzen, das Beste aus den Schüler*innen hervorzubringen. Zum Beispiel sieht das National Resilience Resource Center unter der Leitung von Kathy Marshall Emerson jeden Jugendlichen als vielversprechend und nicht als gefährdet an.

MiW konzentriert sich auf einfache Prinzipien, die in allen Schüler*innen wirksam sind. Die Ziele zeigen auf das Potenzial, das in jedem Schüler steckt: **(1) das persönliche Wohlbefinden zu steigern und (2) Kompetenzen in den Bereichen Kommunikation, Denken, sozial-emotionales Lernen sowie persönliche und soziale Verantwortung zu entwickeln.** *Diese allgemeinen Ziele können angepasst werden, um bestimmten Ländern, Systemen, Schulen oder Klassenräumen gerecht zu werden.*

Die Autorinnen Barbara Aust und Kathy Marshall Emerson, Veteranen im Bereich Bildung und Resilienz, leiteten die konzeptionelle Entwicklung von MiW, um die Übereinstimmung zwischen MiW und etablierten, innovativen globalen Bildungsbemühungen und Forschungen zu klären. Folgende Beispielressourcen, die das Gesamtbild von MiW darlegen, können bei der Entdeckung dieser Übereinstimmung besonders hilfreich sein:

- "Personal Awareness and Responsibility Competency Profiles" vom British Columbias Ministerium für Bildung stellt die Basis für die MiW-Lernziele dar unter https://curriculum.gov.bc.ca/sites/curriculum.gov.bc.ca/files/pdf/PersonalAwarenessResponsibilityCompetencyProfiles.pdf
- "Fitting in with Other Programs" unter http://www.nationalresilienceresource.com/ Fitting-In.html schlägt vor, wie ein Prinzipienlehrplan wie MiW bestehende schulische Initiativen und Programme ergänzt.
- "Educators Living in the Joy of Gratitude," moderiert von Kathy Marshall Emerson, enthält 12 Präsentationen von erfahrenen Pädagogen, die beschreiben, wie sie die Prinzipien in den letzten 40 Jahren in Schulen auf der ganzen Welt gelernt, gelebt und weitergegeben haben. Erhältlich bei: https://three-principlessupermind.com/product/educators-living-in-the-joy-of-gratitude/
- MiW stützt sich auf wesentliche Forschungsgrundlagen wie "References Relevant to BC's Curriculum Assessment and Transformation" unter https://curriculum.gov.bc.ca/sites/curriculum. gov.bc.ca/files/pdf/references.pdf

Für eine tiefere Betrachtung der relevanten Forschung sehen Sie sich die folgenden Abschnitte an.

WEITERE WISSENSCHAFTLICHE PUBLIKATIONEN
Bildung – Forschung und Theorie

Berk, L. (2007). *Development through the lifespan.* Boston: Allyn and Bacon.

Brownlie, F., & Schnellert, L. (2009). *It's all about thinking: Collaborating to support all learners.* Winnipeg, MB: Portage & Main Press.

Cicchetti, D., Rappaport, J., Weissberg, R. (Eds.). (2006). *The promotion of wellness in children and adolescents.* Child Welfare League of America. Washington, D.C.: CWLA Press.

Coles, R. (1990). *The spiritual life of children.* Boston: Houghton Mifflin Company.

Donohoo, J. (2016). Collective efficacy: *How educators' beliefs impact student learning.* Thousand Oaks: Corwin Press.

Dweck, C. (2006). *Mindset: The new psychology of success.* New York, NY: Random House.

Fullan, M. (2016). *Indelible leadership: Always leave them learning.* Thousand Oaks, CA: Corwin Press.

Fullan, M. (2001). *Leading in a culture of change.* San Francisco, Jossey-Bass.

Hattie, J. (2015). *The applicability of visible learning to higher education. Scholarship of teaching and learning in psychology,* 1(1), 79-91.

Hattie, J. (2011). *Visible learning for teachers: Maximizing impact on learning.* New York, NY: Routledge.

Hattie, J. (2009). *Visible learning: A synthesis of over 800 meta-analyses relating to achievement.* New York, NY: Routledge.

Palmer, P. (1998). T*he courage to teach: Exploring the inner landscape of a teacher's life.* San Francisco: Jossey-Bass Publishing.

Reclaiming Youth International. (1990). Circle of courage. Retrieved from https://www.starr.org/training/youth/aboutcircleofcourage

Roehlkepartain, E., King, P., Wagener, L., & Benson, P. (Eds.). (2006). *The handbook of spiritual development in childhood and adolescence.* Thousand Oaks, CA: Sage Publications.

Schnellert, L., Widdess, N., & Watson, L. (2015). *It's all about thinking: Creating pathways for all learners in middle years.* Winnipeg, MB: Portage & Main Press.

Resilienz – Forschung und Theorie

Benard, B. (2004). *Resiliency: What we have learned.* Oakland, CA: West Ed.

Benard, B. (1991). *Fostering resiliency in kids: Protective factors in the family, school, and community.* Portland, OR: Northwest Regional Educational Laboratory.

Benard, B. & Marshall, K. (1997). *A framework for practice: Tapping innate resilience. Research/Practice,* Minneapolis: University of Minnesota, Center for Applied Research and Educational Improvement, Spring, pp. 9-15.

Davidson, R. J., & Begley, S. (2012). *The emotional life of your brain: How its unique patterns affect the way you think, feel and live – How you can change them.* New York: Hudson Street Press.

Marshall, K. (2004). Resilience research and practice: National Resilience Resource Center bridging the gap. In H. C. Waxman, Y. N. Padron and J. Gray (Eds.). *Educational resiliency: student, teacher, and school perspectives.* Pp. 63-84. Greenwich, CT: Information Age Publishing.

Marshall, K. (November, 1998). Reculturing systems with resilience/health realization. *Promoting positive and healthy behaviors in children*: Fourteenth annual Rosalynn Carter symposium on mental health policy. Atlanta, GA: The Carter Center, pp. 48-58.

Masten, A. (2014). *Ordinary magic: Resilience processes in development.* New York, NY: Guilford Press.

Rutter, M. (1990). Psychosocial resilience and protective mechanisms. In D. Ciccetti, A. Masten, K. Neuchterlein, J. Rolf, & S. Weintraub (Eds.), *Risk and protective factors in the development of psychopathology* (pp.181-214). New York: Cambridge University Press.

Shapiro, S. & Carlson, L. (2009). T*he art and science of mindfulness: Integrating mindfulness into psychology and the helping professions.* Washington, DC: American Psychological Association.

Sternberg, E., (2001). *The balance within: The science connecting health and emotions.* New York, NY: W.H. Freeman & Co.

Vaillant, G. (2012). *Triumphs of experience: The men of the Harvard grant study.* Cambridge: The Belknap Press of Harvard University Press.

Werner, E. & Smith, R. (2001). *Journeys from childhood to midlife: Overcoming the odds.* Ithaca, NY: Cornell University Press.

Werner, E. (2005). *What can we learn about resilience from large-scale longitudinal studies?* In S. Goldstein & R. Brooks (Eds.), *Handbook of resilience in children* (91-106). New York, NY: Kluwer Academic/Plenum.

Wolin, S.J. & Wolin, S. (1993). *The resilient self: How survivors of troubled families rise above adversity.* New York, NY: Villard Books.

Drei Prinzipien in der Bildung

Aust, B. (2016). *Field notes: Capturing the moment with a story.* ASCD Express. Retrieved from www.ascd.org/ascd-express/vol12/1207-aust.aspx

Aust, B. (2013). *The essential curriculum: 21 ideas for developing a positive and optimistic culture.* Author.

Aust, B., & Vine, W. (2003, October). The power of voice in schools. *ASCD Classroom Leadership,* 7, 5, 8.

Campsall, C. (2005). *Increasing student sense of feeling safe: The role of thought and common sense in developing social responsibility.* Unpublished master's thesis. Royal Roads University, Victoria, British Columbia, Canada.

Marshall Emerson, K. (2015). "Resilience research and community practice: A view from the bridge." Paper presented to the Pathways to Resilience III, 6/19/2015, Halifax, Nova Scotia.

Marshall, K. (2005, September). Resilience in our schools: Discovering mental health and hope from the inside-out. In D. L. White, M. K. Faber, & B. C. Glenn (Eds.). *Proceedings of Persistently Safe Schools 2005.* 128-140. Washington, DC: Hamilton Fish Institute, The George Washington University for U. S. Department of Justice, Office of Juvenile Justice and Delinquency Prevention.

Die Ursprünge von MiW

MiW ist das erste prinzipienbasierte Lehrprogramm für die gesamte Schullaufbahn. Die ersten Pädagogen, die die Prinzipien im Stillen in ihre Schulen brachten - Barbara Aust und Christa Campsall - begannen 1975 in British Columbia, Kanada, von Sydney Banks zu lernen. Jane Tucker, Marika Mayer und Bob Campsall begannen ebenfalls Mitte der 1970er Jahre, von Sydney Banks zu lernen, und alle haben viele Jahre lang in Schulen direkt mit Schüler*innen gearbeitet. Bereits 1993 integrierte Kathy Marshall Emerson vom National Resilience Resource Center die Prinzipien in zwei 20 Jahre dauernde Schulgemeinschaftsprojekte in Amerika. 2016 dokumentierte die globale Webinar-Reihe, "Educators Living in the Joy of Gratitude" die Erfahrungen langjähriger Pädagogen von der Vorschule bis zur Oberstufe, die die Prinzipien "im Klassenzimmer" weitergaben.

Die Ergebnisse des Lernens, des Lebens und dann des Teilens der Prinzipien in der Bildung ergänzen viele Bemühungen, Bildung auf allen Ebenen effektiv zu verändern. Es gibt ein wachsendes Interesse daran, die Prinzipien weltweit in die Bildung zu integrieren. Um erfolgreich zu sein, müssen diese Bemühungen mit den geltenden, aktuellen Lehrplanstandards an jedem Ort übereinstimmen; in einigen Fällen bieten allgemein anerkannte forschungsbasierte Materialien die beste Orientierung. Die meisten Länder haben leicht zugängliche Richtlinien. Dies sind Beispiele.

American Common Core State Standards Initiative. (2017). *About the Standards.* Retrieved from www.corestandards.org.

BC Ministry of Education. (2016). Curriculum. *BC's New Curriculum.* Retrieved from www. curriculum.gov.bc.ca/curriculum-updates.

BC Ministry of Education. (2016). *Personal Awareness and Responsibility Competency Profiles*. Retrieved from https://curriculum.gov.bc.ca/sites/curriculum.gov.bc.ca/files/pdf/PersonalAwarenessResponsibilityCompetencyProfiles.pdf

"Collaborative for Academic, Social, and Emotional Learning (CASEL). (2017)." *Core SEL Competencies.* Retrieved from http://www.casel.org/core-competencies/

"Personal, Social, Health and Economic (PSHE) Education." Gov.UK. Retrieved from http:// www.gov.uk

"Promoting Fundamental British Values as part of SMSC in Schools" (2014). Gov.UK. Retrieved from http://www.gov.uk

"Secondary National Curriculum." 02 Dec. (2014). Gov.UK. Retrieved from http://www.gov. uk

United Kingdom, HM Government. (January, 2017). Gov.UK. The Government's Response to the Five Year Forward View for Mental Health. Retrieved from https://www.gov.uk/gov-ernment/publications/five-year-forward-view-for-mental-health-government-response

United Kingdom, HM Government. (December 2017). Transforming Children and Young People's Mental Health Provision: Provision of a Green Paper. Presented to Parliament by Secretaries of Departments of Health and for Education from https://www.gov.uk/government/uploads/system/uploads/attachment_data/file/664855/ Transforming_children_and_young_people_s_mental_health_provision.pdf

Mein inneres Wissen (Buch II) Handbuch für Lehrer*innen

Danksagungen

Sydney Banks hatte ein großes Interesse an jungen Menschen. Er wusste, wenn wir unserer Jugend helfen könnten, wäre die Welt "ein viel, viel besserer Ort". Er war ein gewöhnlicher Mann, der eine Erfahrung machte, die ihn von innen heraus tiefgreifend veränderte. Für den Rest seines Lebens widmete er sich als Redner und Autor der Weitergabe der universellen Drei Prinzipien, die er entdeckt hatte: Geist, Bewusstsein und Denken.

Als Lehrer*innen, Schulverwalter*innen und andere helfende Fachleute diese Prinzipien erlernten, berichteten sie durchweg von ungewöhnlich positiven Ergebnissen mit Kindern, Jugendlichen und Erwachsenen in Schulen, psychiatrischen Kliniken, Unternehmen, Gefängnissen und Gemeindeeinrichtungen. Die Prinzipien, die MiW teilt, konzentrieren sich auf die Entdeckung der natürlichen inneren Weisheit und der angeborenen menschlichen Gesundheit des Einzelnen. Dieses Verständnis erfährt nun internationale Anerkennung und Respekt. Wir können alle so dankbar für die Möglichkeit sein, die tiefgreifende, lebensverändernde Botschaft der Prinzipien zu erforschen.

Ein herzlicher Dank geht an das Team von freiwilligen, engagierten Fachleuten, die mich bei der Erstellung von MiW II unterstützt haben: Kathy Marshall Emerson für das Mitverfassen des Lehrerhandbuchs und des Lernbuchs, Tom Tucker für die kunstvolle Produktion und Formatierung und Jo Aucoin für die Erstellung unserer speziellen Eulengrafiken. Vielen Dank an Pallavi Schniering, die eine führende Rolle bei den deutschen Übersetzungen übernommen hat. Unser Dank geht auch an den Psychiater Bill Pettit für seinen Brief, in dem er seine feste Überzeugung zum Ausdruck bringt, dass es die menschliche Gesundheit wiederherstellt, wenn man Kinder auf ihr inneres Wissen hinweist.

Besonders dankbar bin ich der Autorin, GrundschulLehrer*in und Schulleiterin Barb Aust, die über vierzig Jahre lang gesehen hat, wie die Prinzipien das Beste in Schüler*innen und Lehrer*innen hervorbringen. Sie und Kathy haben die MiW Reihe ausgiebig besprochen und wichtige Verbindungen zwischen den Prinzipien, den Lehrplanrichtlinien und der fundierten Forschung zu Bildung, Resilienz und verwandten Bereichen hergestellt. Kathy hat mich anfänglich auch stark ermutigt, dieses Curriculum in Angriff zu nehmen.

Mein inneres Wissen (Buch II) Handbuch für Lehrer*innen

Mein Ehemann Bob Campsall steuerte Einsichten bei und ermutigte mich bei jedem Schritt auf dem Weg. Unser Sohn Michael erstellte die begleitende Website für MiW. Unsere vier Enkelkinder überprüften die Geschichten und wählten die Druckschrift und die Bilder für Lernbuch II aus. Allen Kindern, Jugendlichen und erwachsenen Rezensenten, die mit ihren Vorschlägen und Überlegungen MiW vorangebracht haben, vielen, vielen Dank!

Die Autorin
Christa Campsall

Mein inneres Wissen (Buch II) Handbuch für Lehrer*innen

Übersicht über das umfassende Lehrprogramm "Mein inneres Wissen"

Über die Autorinnen

Christa Campsall (rechts) ist eine Pionierin bei der Umsetzung der Drei Prinzipien in der schulischen Bildung. Seit 1975 ist dies die Grundlage ihrer Arbeit als Klassenlehrerin, Sonderschullehrerin und Vorsitzende eines Schulteams. Christa wurde von Sydney Banks angeleitet und erhielt von ihm die Zertifizierung zum Unterrichten der Drei Prinzipien. Sie hat einen BEd und DiplSpEd von der Universität von British Columbia und einen MA von der Royal Roads Universität.

Kathy Marshall Emerson (links), Gründungsdirektorin des National Resilience Resource Center, unterstützt langfristige prinzipienbasierte Trainings und Systemveränderungen in Schulgemeinschaften. Ihre kostenlose und weltweit verfügbare aufgezeichnete Webinar-Reihe "Educators Living in the Joy of Gratitude" (Pädagog*innen, die in der Freude der Dankbarkeit leben) zeigt die Ergebnisse von internationalen erfahrenen Pädagog*innen, die die Prinzipien seit bis zu vierzig Jahren in Klassenzimmern, Schulsystemen und Schülerdiensten anwenden. Sie hat einen MA von der Universität von Südkalifornien und ist Lehrbeauftragte an der Universität von Minnesota.

Mein inneres Wissen ist ein dreiteiliges, umfassendes, auf Geschichten basierendes Lehrprogramm für den primären und sekundären Bildungsbereich, das entwicklungsgerechte Themen in einem fortlaufenden Lernprozess während der gesamten Schullaufbahn abdeckt. Als Lehrer wählen Sie die Stufe von **Mein inneres Wissen**, die für Ihre Schüler*innen in Ihrem jeweiligen Schulsystem genau richtig ist: Buch I (4 - 8 Jahre), Buch II (9 - 13 Jahre) und Buch III (14 - 19 Jahre). Dies ermöglicht es Schulleiter*innen, einen kontinuierlichen Unterrichtsplan zu entwerfen, um den Schüler*innen die Drei Prinzipien durch die Klassenstufen zu vermitteln.

Zielsetzung von Mein inneres Wissen (Buch II): Die in diesem Buch besprochenen Prinzipien wirken in allen Menschen, auch in kleinen Kindern. Dieser Lehrplan ebnet den Weg zu Ganzheitlichkeit, Glück, Kreativität und Wohlbefinden in allen Bereichen des Lebens. Daher hat MiW diese beiden global angemessenen akademischen Ziele: **(1) Persönliches Wohlbefinden mit einem Verständnis dieser Prinzipien zu verbessern, und (2) Kompetenzen in Kommunikation, Denken und persönlicher und sozialer Verantwortung zu entwickeln.** MiW erreicht beide Ziele durch den Einsatz von Geschichten, Diskussionen und verschiedenen schriftlichen und kreativen Aktivitäten, wobei das Lernen die Kompetenz Ihrer Schüler*innen in der deutschen Sprache und verschiedenen anderen Bereichen erhöht. Die Entdeckung ihres inneren Wissens ist der Schlüssel zum Lernen, und es verbessert die Fähigkeit der Kinder, Entscheidungen zu treffen, sich im Leben zurechtzufinden und gesunde Beziehungen aufzubauen.

Der Zugang zu dieser natürlichen Weisheit beeinflusst das Wohlergehen, das geistige Wohlbefinden, die persönliche und soziale Verantwortung und eine positive persönliche und kulturelle Identität. Sozial-emotionales Lernen, einschließlich Selbstbestimmung, Selbstregulierung und Selbstwirksamkeit, ist ebenfalls ein natürliches Ergebnis von größerem Gewahrsein.

Dieses **MiW Lehrerhandbuch Buch II** begleitet das **MiW Lernbuch Buch II**. Das separate Lernbuch für Kinder bietet einen hoffnungsvollen, einfachen Weg für Lernende, sich bewusst zu machen, wie sie geistig von innen nach außen handeln. Dieses Verständnis maximiert das persönliche Wohlbefinden und verbessert das Schulklima, das Verhalten der Lernenden und die akademischen Leistungen.

Das **MiW Lehrerhandbuch** enthält Unterrichtspläne, Vor- und Nachbereitungsaufgaben, Aktivitäten, Bewertungsskalen und Ressourcen. Wir stellen universelle Prinzipien vor, die dieses Curriculum für den globalen Einsatz mit allen Lernenden geeignet machen. Außerdem verweisen wir auf Lehrplanrichtlinien aus Kanada, Großbritannien und den Vereinigten Staaten.

- *MiW erfüllt ausgewählte Anforderungen für die deutsche Sprache, Gesundheitserziehung, berufliche Bildung und persönliche, soziale, gesundheitliche und wirtschaftliche Bildung.*
- *MiW unterstützt die Inklusion und entwickelt Kommunikation, soziales und emotionales Lernen, Bewusstsein für persönliches Wohlbefinden, soziale Verantwortung und Denkkompetenzen.*

MiW Buch II ist geeignet für alle Lernenden in jeder Grundschulklasse, für ältere Lernende in einem modifizierten Programm, für Lernende zu Hause, für selbständig arbeitende Lernende, für individuelle Lernende in der Beratung oder im persönlichen Coaching und in Gesprächen mit Eltern. Am wichtigsten ist, dass dieses umfassende Curriculum einen flexiblen Rahmen bietet, der angepasst, adaptiert oder modifiziert werden kann, um dem Verständnis eines jeden Lehrers von den Prinzipien und den Bedürfnissen der Lernenden zu entsprechen.

Mein inneres Wissen® ist erhältlich unter <u>myguideinside.com</u>

Was Lehrer*innen und andere pädagogische Fachkräfte über
Mein inneres Wissen (My Guide Inside) sagen

"Eltern und Lehrer werden dieses Material gleichermaßen als hilfreiches Hilfsmittel empfinden, wenn sie mit Kindern und Jugendlichen daran arbeiten, die Weisheit zu finden, die in jedem von ihnen steckt, und Strategien zu entwickeln, um Probleme mit Hilfe ihres eigenen besonderen Wissens zu lösen."
Kelda Logan Schulleiterin,
Salt Spring Island, BC, CA

"Diese authentischen Geschichten sind einfach, aber tiefgründig und haben die Fähigkeit, Schüler*innen zu ihrem inneren Wissen zu führen."
Barb Aust, BEd, MEd Schulleiterin, Bildungsberaterin und Autorin,
Salt Spring Island, BC, CA

"Mein inneres Wissen bringt Kinder und Jugendliche in Kontakt mit ihrer eigenen Weisheit. Christa erinnert die Leser an die Macht unseres Denkens und unterstützt uns dabei, Wissen durch Zuhören zu üben. Die wunderschöne Geschichtensammlung hilft den Lesern, klar zu denken und zu sehen. Dieses Buch ist eine außergewöhnliche Ressource … ein Geschenk für uns alle."
Nia Williams, MA Beratungslehrer,
Gulf Islands, BC, CA

"Als Lehrer*in mit langjähriger Erfahrung in der Arbeit mit Kindern und Jugendlichen, auch mit Hochrisikokindern, denen es aus vielen Gründen im Bildungssystem nicht gutging, begrüße ich diesen inspirierenden Lehrplan mit großer Wertschätzung und Respekt. Endlich gibt es ein anderes Gesprächsangebot für Schulen, eines, das einen einfachen und geradlinigen Weg zur Sicherung emotionaler Stabilität und gesunder Geisteszustände lehrt. Dies ist das fehlende Bindeglied, das das Bildungssystem so dringend braucht."
Sue Pankiewicz, BA, PGCE Ehemalige OberLehrer*in für Sonderpädagogik,
Beraterin für Bildung, Colchester, UK

"Als Schulleiter (Rektor) seit über dreißig Jahren habe ich oft aus erster Hand die rastlosen Kämpfe miterlebt, die viele Kinder und Jugendliche erleben, während sie lernen, sich in ihrer eigenen Haut wohl zu fühlen. Christas geradliniges, einfaches, aber tiefgründiges Lehrprogramm hilft Lehrer*innen, die Jugend in eine andere Richtung zu lenken, zu unserem inneren Wissen, zu unserer Essenz, zu unserer Weisheit. Ich würde dieses Wissen den Lehrer*innen als eine kraftvolle Quelle der Unterstützung empfehlen. Es hilft uns allen, uns daran zu erinnern, wer wir wirklich sind … reine Liebe."

Peter Anderson, Cert. Edn. Adv. Diploma (Cambridge)
Drei Prinzipien Mentor, Berater der Schulleitung, Essex, UK

"Seit über zwölf Jahren bin ich Lehrer*in an innerstädtischen Schulen in Baltimore, Miami und der Bronx. Indem ich das einfache Verständnis vermittle, dass Schüler*innen in der Lage sind zu entscheiden, wie sie das Leben durch ihre Wahl von Gedanken erleben wollen, habe ich gesehen, wie aggressive Schüler*innen zu FriedensstifterInnen wurden; wie schüchterne, unsichere Kinder zu selbstbewussten Führungspersönlichkeiten wurden; und wie das Niveau des Bewusstseins und der Empathie in einer ganzen Schule angehoben wurde. Ich bin begeistert, dass dieses Lehrprogramm von so vielen gesehen und erlebt werden wird! Dieses Verständnis hat die Kraft, die Bildung und die Schulerfahrung auf globaler Ebene zu verändern!"

*Christina G. Puccio, Mentorin Lehrer*in/Couch,*
PS 536, Bronx, New York, USA

www.ingramcontent.com/pod-product-compliance
Lightning Source LLC
Chambersburg PA
CBHW081300170426
43198CB00017B/2857